幼児のゲームあそび ①

3・4・5歳児のゲーム遊び 63

豊田君夫著

黎明書房

まえがき

　現行の「幼稚園教育要領」並びに「保育所保育指針」は，その中で幼児の遊びを重要視しています。

　「幼稚園教育要領」の総則の始めに「幼稚園教育の基本」について述べていますが，その中で"遊びを通しての指導を中心として"幼稚園教育を行うことと明記しています。

　遊びには，自由な遊びと指導する遊びの両面がありますが，この二面をバランスよく指導することにより遊びの教育目標は達成されます。

　しかしながら，幼児教育の現場では遊びの重要性の認識が不十分です。遊びが自主性，社会性，創造性，意欲，体力等の向上に効果があり，人格形成とその後の教育の基礎を培うのに，必要不可欠であることを，実践を通して理解すべきでしょう。

　指導する遊びの中での「ゲーム遊び」は，子どもにとって極めて楽しい活動です。しかし指導の未熟から，この活動が子どもの気持ちにアピールしない場面を見ることがあります。どんな単純な内容であっても，事前の準備を怠らないで「ゲーム遊び」を十分に活用していただきたいものです。

　なお，本書は，先に「遊びのカリキュラムシリーズ」の第2巻『3・4・5歳児ゲーム遊び年間カリキュラム』として出されたものを，書名を改め，判を小さくしてハンディなタイプにしたものです。末永いご愛読を，お願いいたします。

豊 田 君 夫

もくじ

まえがき……………………………………………1

ゲーム遊びの考え方

1　ゲーム遊びの位置づけ
- ❀自由活動と一斉活動………………………8
- ❀一斉活動の中の集団活動…………………8
- ❀集団活動の中のゲーム遊び………………8

2　ゲーム遊びのねらい
- ❀積極的社会性ということ…………………9
- ❀3歳児のゲーム遊びのねらい……………9
- ❀4歳児のゲーム遊びのねらい……………10
- ❀5歳児のゲーム遊びのねらい……………10

3　ゲーム遊びの指導
- ❀ゲーム遊びのとりあげ方…………………11
- ❀指導に先立って……………………………11
- ❀ゲーム遊びの指導…………………………12

3歳児のゲーム遊び

※印は伝承または外国からの移入ゲーム

3歳児●1学期

1　おててポンポン（集　会）……………14
2　手をあげる（集　会）…………………16
3　ふうせんたたき（室　内）……………18
4　ごろごろばたばた（室　内）…………20
5　ぶらんこさーん（室　外）……………22
6　かけておいで（室　外）………………24

もくじ

※むすんでひらいて （集　会）	17
※あがり目・さがり目 （室　内）	19
※どのおせんべいが （室　内）	23

3歳児●2学期

7	なきごえあそび （集　会）	26
8	ぐるぐるぐる （集　会）	28
9	おおきくうなる （室　内）	30
10	おだんごころがし （室　内）	32
11	みんなでかけよう （室　外）	34
12	かけていってもどってくる （室　外）	36
	※ポンポンまーえ （集　会）	29
	※ずいずいずっころばし （室　内）	31
	※ひいらいた，ひいらいた （室　内）	35

3歳児●3学期

13	ひらいてポンポンポン （集　会）	38
14	たまごがころころ （集　会）	40
15	じどうしゃパンク （室　内）	42
16	人形かくれんぼ （室　内）	44
17	ならしましょう （室　外）	46
18	かけていってかくれる （室　外）	48
	※いとまきまき （集　会）	41
	※かごめかごめ （室　外）	47

4歳児のゲーム遊び

※印は伝承または外国からの移入ゲーム

4歳児●1学期

19	ザアザアあめが （集　会）	52
20	トンネルほれ （集　会）	54

	21 うさぎの親子 （室　内）……………………	56
	22 うさぎ・おおかみ （室　内）………………	58
	23 みんなでないて （室　外）……………………	60
	24 とりがきた （室　外）…………………………	62
	※ハンカチおとし （室　外）……………………	53
	※おじいさん，おばあさん （室　内）………	61
	※だるまさん，だるまさん （集　会）………	63

4歳児●2学期

	25 ごろごろピカッ （集　会）……………………	64
	26 トントントン （集　会）………………………	66
	27 動物たたき （室　内）…………………………	68
	28 のばそう，でるかな （室　内）………………	70
	29 ねむいおおかみ （室　外）……………………	72
	30 おててつないで （室　外）……………………	74
	※いすとりスキップ （室　内）…………………	65
	※大きなくりの木のしたで （集　会）………	67
	※はないちもんめ （室　外）……………………	75

4歳児●3学期

	31 ポン，どっち （集　会）………………………	76
	32 ゴムふうせん （集　会）………………………	78
	33 どこでもつけろ （室　内）……………………	80
	34 ジャンケンあつめ （室　内）…………………	82
	35 パン，ピー （室　外）…………………………	84
	36 まてまてボール （室　外）……………………	86
	※とんだとんだ （集　会）………………………	77
	※番犬ゲーム （室　内）…………………………	81
	※あぶくたった （室　外）………………………	86

もくじ

５歳児のゲーム遊び

※印は伝承または外国からの移入ゲーム

５歳児●１学期

37 コッポラ，グリッコ （集　会）……………90
38 ハイ，イハ，ドン （集　会）……………92
39 まだまだ，もうすぐ，やったー （集　会）………94
40 ラッセラ （室　内）……………………96
41 はなのかみ （室　内）…………………98
42 まるかきゲーム （室　内）……………100
43 おばけはだれだ （室　外）……………102
44 新聞突破 （室　外）……………………104
45 はこ積みゲーム （室　外）……………106
　※ロンドン橋おちた （室　外）…………95
　※おべんとうばこ （室　内）……………101
　※くだものかご （室　内）………………105

５歳児●２学期

46 おひげがながい （集　会）……………108
47 さかさことば （集　会）………………110
48 かさねましょう （集　会）……………112
49 半分折り紙 （室　内）…………………114
50 円形テープ （室　内）…………………116
51 あたまでポン （室　内）………………118
52 いろいろボール （室　外）……………120
53 マラソンゲーム （室　外）……………122
54 動物ジャンケンつなぎ （室　外）……124
　※なぞなぞ （集　会）……………………109
　※おにごっこ （室　外）…………………110
　※伝言ゲーム （室　内）…………………115

5歳児●3学期

55 キッシング（集　会）……………………… 126
56 ポン，手をあげる（集　会）……………… 128
57 指のうえに（集　会）……………………… 130
58 新聞太郎はロボットだ（室　内）………… 132
59 あくしゅ（室　内）………………………… 134
60 いすにさわろう（室　内）………………… 136
61 たすけぶね（室　外）……………………… 138
62 あきばこでおどろう（室　外）…………… 140
63 ロープリング（室　外）…………………… 142
　※笑いのハンカチ（集　会）………………… 133
　※ナンバーコール（室　内）………………… 137
　※なわとび（室　外）………………………… 138

あ　と　が　き

ゲーム遊びの考え方

1　ゲーム遊びの位置づけ

❀ 自由活動と一斉活動

　幼児教育は主として自由活動と一斉活動とから成り立っている。自由活動は幼児が自由に活動するもので，自由遊びと呼ばれ，一斉活動は保育者の指導による一斉遊びである。

　幼児の生活はすべて遊びであるといわれるほど，その活動は，ほとんど遊び的である。従って幼児の教育が遊びとして指導されることは自然であり，また当然であるということができる。

　自由遊びは生活遊びであり，人間生活のあらゆる面を遊びを通して学習するものであり，主として自主性，創造性，社会性を身につけ，身体の調和的発達を促す。だから，自由遊びのない幼児教育は望ましい人格形成の基本づくりを目的とする幼児教育の第一義を欠くものであり，自由遊びを十分に経験しない幼児は望ましい人間の生き方の基本を身につけることができない。

　この自由活動の上にたって，あるいは自由活動と平行して，自由活動では経験することのできない面を指導するのが一斉指導である。一斉指導は，自由遊びの中で子どもたちが自主性，創造性，社会性を身につけていく段階に対応して，より良い教育効果をあげることができることを見過ごしてはならない。

❀ 一斉活動の中の集団活動

　さて一斉活動は，健康，社会，自然，言語，音楽リズム，絵画製作の6領域の関連の中で指導されるが，それらが並列的，教科的，細切れ的指導であっては，幼児に適した内容ということはできないし，また良い教育効果をあげることもできない。

　一斉活動は集団指導であるけれども，内容的には個人の生活習慣，個人的運動遊び，個人製作，絵本指導，楽器指導等の個人活動と，斉唱，共同製作，劇遊び，フォークダンス，ゲーム遊び等の集団活動，その他がある。

　ゲーム遊びが含まれる集団活動に共通している教育効果を抽出してみると次のようになろう。

　①共通の経験を通して表現し共感する。
　②協力する楽しさを身につける。
　③集団としての規律を守る。
　④その他

❀ 集団活動の中のゲーム遊び

　集団活動としての斉唱，共同製作，劇あそび，フォークダンス，ゲーム遊び等には，上記の共通した教育効果をねらうことができるが，ゲーム遊びが，さらに，その上につけ加える独自性があるとすれば，それは何であろうか。

　例えば，「おててポンポン」（p.14）とか「手

をあげる」(p.16)、または「かけておいで」(p.24)のように、ただ手を打ったり、ただ手を上にあげたり、ただかけたりする単純素朴な中に、ゲーム的楽しさの原点がある。ゲーム遊びの独自性という点では、そうしたゲーム遊びの楽しさを知るということは、他の活動では経験することはできない。

しかし問題は、その独自性の中に、ゲーム遊びが、保育の中に位置づけられるべき明確な教育効果を見出すことができるか否かである。

著者は、ゲーム遊び全体の教育効果の第1にあげるべきことは「積極的社会性」と考え、それをゲーム遊びの教育目標の第1にあげるべきと考える。

2　ゲーム遊びのねらい

✿ 積極的社会性ということ

ゲーム遊びのねらいは積極的社会性を育てることにあると思う。積極的社会性とは、積極的に生きる人間としての社会性である。

単に他人に迷惑をかけないとか、何となく仲良くするということではなく、人生に喜びがあり、人生に良き人との出会いがあり、そして、より良いものを求め、より良いものを創り出そうとする積極的社会性である。

ゲーム遊びは、みんなで参加するので、そこには協調があり、その内容は競争（比較）である。ゲーム遊びを年間を通して指導することにより、この協調―競争（比較）―協調をくりかえし、より深くより広い社会性、つまり積極的社会性を育てることができるのである。

✿ 3歳児のゲーム遊びのねらい

ゲーム遊び＝競争遊びとする考え方は狭い考えである。ゲーム遊びの中には競争を主とする内容のものと、そうでないものとがある。そうでないものの例として集会遊びがある。集会遊びの多くは、みんなで、いっしょに楽しむものであり、その内容には、誰がうまくできたかとか、誰が早かったとか、誰が当ったかという比較する要素はあっても、競争の要素は弱いものである。そこで著者はゲーム遊びの原理は比較であると考え、次のように区分する。

明確な比較………競争的ゲーム遊び
不明確な比較………協調的ゲーム遊び

さて、幼児の競争意識を調査したグリーンバーグによれば、2歳児では、ほとんどなく、3歳児で42.6パーセントと発達するが、5歳児でも15.6パーセントが競争意識が弱いと報告している。これを見ると、幼児においては競争的ゲームを強調するよりも、協調的ゲームを中心に指導すべきであろうと考えることができる。少なくとも勝敗にこだわって、無用の対立や自信喪失、そしてゲーム遊びに

対する拒否反応を残すような指導をすべきではない。

とくに3歳児は，競争意識が弱い反面で，自己中心性が強く，そして模倣性が強い。まだまだ先生への依頼心が強いため，子ども同士の社会性の強いゲームよりも，先生とのかかわりが比較的大きい協調的ゲーム遊びを喜ぶものである。4歳児に見られるような，みんなで気持ちを合わせたり力を合わせたりする協調性は未発達ということができよう。

こうしたことから，3歳児のゲーム遊びにおけるねらいはゲーム遊びをして「楽しく遊ぶ」ということになろう。楽しく遊ぶことを通して，心を解放し安定させ，保育者とのかかわりを深め，友だち関係の広がりの芽生えを育むことが3歳児のゲーム遊びのねらいである。

❀ 4歳児のゲーム遊びのねらい

3歳児でゲーム遊びを十分に楽しんで遊んだ子どもたちは，4歳児になる頃から，身心ともに一段と成長発達してきて，友だち関係が深まり広がってくる。

4歳児では，走り方も，かなり安定するし，鉄棒にぶらさがったり，また泥だんごをつくれるようになったりする。知的にも"あれは何"とか"どうして"とか興味，関心が強くなる。そして小グループで自主的に遊びはじめたり，協力して巧技台遊びも展開できたりしはじめる。

そこで，3歳児にあっては「楽しく遊ぶ」こ とであったねらいを，「協調して楽しく遊ぶ」ことに一段高めることが可能になってくる。この時期に友だちといっしょに楽しく遊ぶ喜びを知ることは，人間関係の良い発達のために極めて大切であり，それが可能になるのが4歳児である。

ただし，4歳児の社会性の内容は幼稚な面があり，友だちの中でゲームに失敗したり，力不足で敗れたりした時に，ひどくはずかしがったり，グループの中の1人のミスから自分のチームが敗れた時，ミスをした子を攻撃したりすることがある。こうしたことは，楽しく遊ぶことを経験することが原則であるゲーム指導のねらいに反する結果につながりかねない。そこで，4歳児では，競争や対立が明確なゲームは，なるべく少なくするか，指導上で配慮するかして，「協調して楽しく遊ぶ」ねらいを達成したいものである。

❀ 5歳児のゲーム遊びのねらい

5歳児は4歳児にくらべて運動能力，知能，そして社会性も発達し，ルールを守って協力したり競争したりできるようになり，その楽しさを理解しはじめる。また巧緻性や創造性も身につきはじめ，目標を達成するために努力したり，工夫してつくりあげたりすることもできはじめる。こうしたことから，5歳児のゲーム遊びのねらいは，「ルールを守り工夫して楽しく遊ぶ」とするのがよいであろう。

そうして，ルールを守り工夫して楽しく遊ぶことを通して，ゲーム遊びによる，より豊

かな内容ある積極的社会性を身につけさせたいと考える。

3 ゲーム遊びの指導

❀ ゲーム遊びのとりあげ方

　本書においては，前述のゲーム遊びのねらいに基づいて，3歳児の1学期から5歳児の3学期まで，ほぼ幼児の成長に応じてゲーム遊びを配列してみた。また，集会ゲーム，室内ゲーム，室外ゲームに分けて明記してあるから，対象児を，どの場面で指導するかにより，どのゲーム遊びをとりあげたらよいかの選定が容易であろう。

　ただし，例えば4歳児といっても，活発な子が多いとか，知的に進んでいる子が多いとか，その年によって異なるから，対象児を考慮しながら，2学期であっても，1学期と3学期のゲームを含めて検討し，より適切なゲーム遊びを選択する必要があろう。

　とくに新学期等で対象児の実態を把握していない場合には，前段階のゲーム遊びをとりあげ，子どもたち全員が気軽に参加できるよう配慮すべきである。また子どもたちの意見を聞き，子どもたちの好むものをとりあげるのも一法であろう。

　また，本書に示したゲーム遊びに手を加えて，年齢に応じてむずかしくしたりやさしくしたり，室外のものを室内に変えたり，集会ゲームから室内ゲームに変化させたり，まったく別の用具を使ったり，そうした創意工夫を加えることを常に心がけることは保育者にとって大切なことであろう。

❀ 指導に先立って

　ゲーム遊びを指導するに先立って，まず必要なことは，そのゲーム遊びの楽しさを知ることである。子どもたちに指導する前に，実際にやってみることができれば一番良いけれども，そうでなくとも，その内容を良く読めば，どのように楽しいかを想像することができよう。

　そこで，実際にどういう言葉かけをし，動作をどういう手順で指導するかを考えるが，初心者ならば，子どもの前に立ったつもりで実際にやってみよう。次の，「ゲーム遊びの指導」の項で述べるが，子どもの隊形や，指導者の位置等も考えてみよう。

　用具が必要なものは，その実物を使ってテストすることが必要である。危険な所，破損しやすい所は，注意して補修しておく。簡単な製作用具であれば，余分に作っておくことが望ましい。

　さらに，動きの多い室内ゲームや室外ゲームの場合には，幼児が十分に活動することができるように，整理整頓をして，危険物の排除等を配慮しなければならない。

❄ ゲーム遊びの指導

　ゲーム遊びの隊形については，ほとんど本文中に示されているから，それに従えば良いが，例えば，椅子の前後左右の間隔とか，人数が多い場合には二重円にするとか，実際には，いろいろ配慮しなければならない。要はゲーム遊びの内容により，もっとも効果的な隊形でなければならない。また見ている子がいる場合，この子たちがゲームを見たり応援したりするのに適した所を定めることが必要であろう。

　指導者の位置は，まずゲームの方法を説明するから，すべての参加者が見える位置が望ましい。そのため，人数が多い時に前の半分を低い姿勢にさせるとか，あるいは指導者が説明のために位置を変えることもあろう。さらに室外では，時に説明のため集合させることもある。

　ゲームがはじまってからの指導者の位置は，事故が起こる可能性があれば，その近くに，なければ全員がなるべく良く見える場所に，そして判定のしやすい所にいる必要がある。

　ゲームの導入については，必要最小限にとどめなければならない。長々と導入に時間をかけたり，ゲームの内容に直接に関連のないことをするのは避けるのが賢明である。必要がなければ導入は無くても良い。子どもの興味関心を，なるべくストレートに，ゲームに結びつけるのが良い指導である。

　ゲーム遊びの説明には，言葉が必要であるけれども，言葉だけで長々と説明するのは幼児には不適当であろう。説明しながら，指導者が実際に示すことが幼児には理解しやすい。または，子どもたちに行動させながら，次々に付加して，その方法を理解させることが望ましい。また指導者は明るい態度でゆっくり話しかけ，その言葉は全員に良く理解できるものでなければならない。

　ゲーム遊びの進行中は，子どもが主体であるから，ルールを逸脱しない範囲内で，自由に楽しく活動させることが望ましい。そのためには，画一的・統制的でなく，時には子どもからの発言を取り上げ，ゲーム内容を変更することも考慮したい。また，リーダーや鬼が中心になるようなゲーム遊びでは，指導者は，できる限りその役を幼児に任せることが望ましい。

　ゲームの進行中に，その内容，用具等で，不適当な面に気がつけば，それを修正するのが原則であるが，著しくゲームの興味がそがれる場合は，そのまま進行することがあってもよい。

　ゲーム遊びの所要時間は，集合ゲーム等の短いものを除いては，やや長目に予定しておき，くりかえして行いたいという幼児の希望に応じることが望ましい。

3歳児のゲーム遊び

●3歳児●1学期●集会ゲーム

1 おててポンポン

≪準備≫
　なし

≪遊び方≫
　「先生といっしょに手をたたきましょう」と，先生が手をたたきます。はじめは，ゆっくりたたきます。
　「だんだん早くたたきますよ」といいながら，だんだん早く手をたたきます。「ポンポンポンポン……」といいながら手をたたきます。そして最後に「あたま！」といって両手を頭にのせます。
　何回かくりかえしたら，「あたま」の代りに「かた」とか「おなか」とか言って変化させましょう。

≪留意点≫
　明るく楽しい気持ちで指導しますと，手を一回たたいても，手を上にあげただけでも楽しいものです。これがゲームあそびの原点です。最初の一歩を大切にしましょう。
　はじめは，手を早く打ったり，ゆっくり打ったりするだけでも十分です。また，それをくりかえすだけでも立派なゲームといえます。
　「あたま」「かた」等は，次の日に指導した方が良い場合があります。

※ 3歳児のゲーム遊び

≪教育効果≫
1. 楽しい気分を経験させ，気持ちを安定させます。
2. 保育者の指示に従って，だれにでもできることを，みんなで経験し，集団化の芽生えを促します。
3. 手を早くたたいたり遅くたたいたりする変化，手を頭，肩，腹などに変化することにより，楽しさが広がっていきます。

≪展　開≫
　3歳児のはじめでは，ゲームあそびを変化させて展開させることは，かならずしも必要ではありません。むしろ，ひとつの形をそのままくりかえし指導し，その楽しさを十分に味わわせるのが，良い指導です。
　4・5歳でも，原形の遊びを十分に楽しみ，マスターしない前に，ゲームを変化させ展開させるのは，幼児の場合，教育効果を高めることにはなりません。

● 3歳児 ● 1学期 ● 集会ゲーム

2　手をあげる

<準　備>
　なし

<遊び方>
　「手を上にあげましょう」と，両手を上にあげます。「上にあげたとき，両手をまっすぐのばしましょう」と，のばせさせます。「そうです。では手を静かに，下におろしましょう。次に"早く"といったら，両手を早く上にあげてください」「早く！」「とても，早くできましたね，ではおろしましょう。次に"早く"といったら，もっと早く上にあげてください」と，くりかえしやってみます。

　次に"ゆっくり"といったら，両手をなるべくゆっくり上にあげましょう。「ゆっくり」とやってみます。2～3回くりかえしてから，「次には，"早く"というか"ゆっくり"というかわかりませんよ」と，"早く"または"ゆっくり"といって，くりかえして遊びましょう。

<留意点>
　3歳児のゲームは，何といっても楽しく遊ぶことが目標ですから，上手とか下手とか，誤ったかどうかとか，だれが早いとか遅いとかを，はっきりさせる必要はありません。そのような発言を先生がした場合，うまくいかなかった子とか遅かった子は，楽しくなくなってしまいます。3歳児の場合，これでは指導は失敗です。あくまでも，みんなで楽しく1つのゲームあそびをすることが目標です。そのために，「先生といっしょにやってみましょう」とか「先生といっしょにできるかな」といういい方は適当ですが，「だれが，上手にできるかな」とか「だれが間違わないでできるかな」とかいういい方はやめましょう。3歳児のゲームは，みんなが楽しくすることに考え方を絞ることが大切です。

　もちろん，ゲームには，比較の要素（時に競争性）が含まれているのですが，3歳児のはじめは，かならずしも，それを意識させる必要はないのです。

　子どもの動作に対して，先生は，楽しそうに，少しだけオーバーに対応してみましょう。

3歳児のゲーム遊び

≪教育効果≫
1. 15ページの教育効果の1，2は，3歳児のゲームの一般的な教育効果ですが，このゲームでは，この他に，次のような効果があります。
2. 手を早く上げたり，遅く上げたりする変化を楽しみます。
3. より早く，または，より遅く手をあげることに挑戦し，それができたことに喜びを感じるようにしましょう。

むすんでひらいて＊〈集会ゲーム〉

むすんで，ひらいて，てをうって，むすんで，
また，ひらいて，てをうって，そのてをうえに

あまりにも有名な"むすんでひらいて"はルソーの作といわれます。今になっても，これをしのぐ手遊びがないほどの傑作であります。しかし，これほどの傑作であっても，指導する時期や指導する人の心によって，すばらしくもなり，つまらなくもなります。

原語はともかく，その言葉は，まことに詩的で，その曲は，まことに音楽的であります。起承転結があり流れがあります。ルソーの偉大さを象徴するかのように現在に生きています。私はこの"むすんでひらいて"に挑戦して永年にわたって考えてきました。その中の一つが"ひらいてボンボンボン"（38ページ）ですが，足元にも及びません。

"むすんでひらいて"は，ルソーの幼児に対する心を思い，そして幼児のすばらしい眼を見ながら，愛と希望に燃えて指導すべきものであります。そうすれば，保育者と幼児の心は通い合い，指導は成功します。これがゲームあそび指導の原点であります。

● 3歳児 ● 1学期 ● 室内ゲーム

3　ふうせんたたき

《準備》
　ゴムふうせんを人数分（または，人数の半数）ふくらませ，天井から糸でつるし，子どもたちの手の届く高さにしておきます。

《遊び方》
　「天井から，ぶらさがっているのは，何でしょう？　そうです。ゴムふうせんです。では，先生が，ゴムふうせんを，たたいてみますよ」とやってみせます。「ポーン，ポーン。たのしいですねえ。やってみたい人がいますか」と聞いて，やらせてみます。なるべく，全員にやらせましょう。

《留意点》
　3歳児の1学期では，どうしても集団に参加できない子がいますが，この場合，無理に参加させる必要はありません。「いっしょにやりましょうね」と声をかける程度にとどめます。

　3歳児は個人差が大きいので，まず，その実態を把握することにつとめましょう。むしろ，参加しなくても，明るく見ているのなら良しとすべきです。気持ちが安定してくれば，子どもの方から動き出します。

　その他の子どもたちは，楽しくゴムふうせんをたたいて体を動かしているかどうか注意しましょう。だれがいくつたたいたとか，だれがうまくたたいたとかいうことではなく，みんなで楽しく遊べれば良いのです。

　ゴムふうせんが，たくさんあれば，人数より多くつるしてみるのも良いでしょう。糸が，すぐに切れないように，事前にテストしましょう。わざと切るような子がいれば，注意し

3歳児のゲーム遊び

なくてはなりません。

はじめに，先生がゴムふうせんをたたくときには楽しそうに，強くたたいてみせます。

≪教育効果≫

1. 3歳児のゲームの一般的効果（15ページ 1，2参照）
2. ねらいを定めてふうせんをたたく協応的運動能力（巧緻性）の練習につながります。
3. ゴムふうせんがたたかれて，上にあがり，それが下におりてくるという科学性を無意識のうちに経験します。

≪展　開≫

子どもたちが，全員で，いっしょにたたいて遊ぶ方法と，1人または2～3人ずつで遊ぶ方法とを，子どもの状態に応じて指導してみましょう。

あがり目・さがり目＊〈室内ゲーム〉

あがりめ，さがりめ，ぐるりとまわって，ねこのめ

みんな，かわいいねこの目になりましたか。

それでは，いっしょに，ねこになって，ないてみましょう。

もっとも単純で，素朴で，かわいらしい伝承あそびです。こうした遊びは，少し，年齢が上がってくると，興味がなくなってしまうものです。「かいぐりかいぐり，とっとのめ」とか「いないない，ばあ」とか，いわゆる赤ちゃん遊びも，そうですが，短い時期だけ，幼い子どもたちの気持ちに合致します。それだけに，すぐれているということができ，長い間，受け継がれてきています。

みんなで，かわいい声で，ないてから，次には，ねこになって，なきながら室内を歩きまわってみましょう。

●3歳児●1学期●室内ゲーム

4 ごろごろばたばた

<準　備>
　な　し

<遊び方>
　「ごろごろ，ごろごろ，ころがれるかな。はじめに先生がやってみますよ」と，床の上を，ごろごろところがってみせます。次に全員にやらせてみましょう。
　「となりの子とぶつかって少しぐらいいたくても，がまんしてやりましょう」
　「次に先生が，ばたばた，ばたばたっていったら，みんなは，ころがるのをやめて，上むきになって，手と足をばたばたやってみましょう」と，はじめに先生がやってみせてから，子どもたちにやらせます。このように，ごろごろと，ばたばたを交互にやらせて楽しませましょう。

<留意点>
　室内は広くして，危険なものはかたづけましょう。子どもたちの服装なども，ころがるのに適当でないものを着ていないかどうか見ましょう。
　このような遊びでは，個人差が出るので，とくに3歳児の前半では，リズムに合わせてころがるのは無理です。幼稚園の場合は新入の3歳児は，全員参加させることさえむずかしいことがあります。
　子どもたちは，とくに，だれがうまくころがっているかという意識はなくても，自らそこに比較があるところに，ゲームの一般性が認められます。

3歳児のゲーム遊び

≪教育効果≫
1. みんなで体をころがして楽しく遊びます。全身を使うことは、3歳児の活動に適しており、運動機能を高める効果があります。
2. 3歳児は集団活動が芽生えようとする時期です。1人ひとりに強い関係はなくても、みんなが同じ動作を楽しくくりかえし、自然に体と体が接触していく中で、人間関係がつくられていきます。

≪展　開≫
　たとえば、窓の方とか、または黒板の方とか、ころがる方向を指示して、みんなが、いっせいにころがる方法もあります。
　また、「先生のところへきてください」といって子どもたちがころがってきたら、先生が、さっと場所を変えて、「こっちですよ」と子どもたちを呼びます。このように、先生を子どもたちがころがりながら追っていく方法もあります。

●3歳児●1学期●室外ゲーム

5 ぶらんこさーん

<準　備>
　なし

<遊び方>
　みんなで園庭を歩きましょう。1学期は，まだ手をつないで歩けなかったり並んで歩けなかったりするので，隊形にはこだわらずに歩きましょう。

　そして，ぶらんこのところへきたときに，「これはなんでしょう？」と子どもたちに聞きます。子どもたちは「ぶらんこ」と答えるでしょう。「そうです。ぶらんこですね。では，みんなの大好きなぶらんこは，みんなの友だちですから，"ぶらんこさーん"と呼んであげましょう。いいですか，いち，にい，の，さん」

　子どもたちは，声をそろえて，「ぶらんこさーん」と呼ぶことでしょう。

　このようにして，園庭を，みんなで，あちこち歩きながら，「すべりだいさーん」とか，「てつぼうさーん」とか次々に呼んでみましょう。

　「これはなんでしょう？」と次々に聞いていくと，知らない子もいますが，案外に，何人かは知っているものです。

<留意点>
　「ぶらんこさーん」は，なるべく元気に大きな声でいわせたいものです。ただし，むやみにどなる子がいれば注意すべきでしょう。歌と同じように，きれいな声でいわせるべきでしょう。ただし，1学期ですから，あまり強く，それにこだわりますと，どうしても元気が出なくなりますから，その点がいちばんの配慮点です。1回でわからせようとせずに，2学期への流れの中でしだいに直させるようにしたいものです。

　「ぶらんこさーん」は，1回だけではなく，2回か3回くらいくりかえしていうようにしましょう。

<教育効果>
1．ものの名称を正しく覚えることは生活の中で基本的に必要なことの1つです。ただし，それを取り立てて教えたり，無理な方法をとったりすることは，良くありません。この遊びのように，楽しく遊びながら自然に，それが確認されていくのが良い方法です。

2．自由な楽しい雰囲気の中で，自分たちのグループを確認し，集団意識を高めます。

3歳児のゲーム遊び

ぶらんこ さーん

＜展　開＞

「おさんぽ，おさんぽ，たのしいな」などといいながら歩くのも一法でしょう。

ひととおり，まわり終わったら，園庭の中央に集まり，1人または2人だけで，ぶらんこのところへ行って呼ばせる方法もあります。

どのおせんべいが＊〈室内ゲーム〉

家庭で，ひばちを囲んで，手をあたためながら，年上の人のリードで，お正月とかお休みの日に，のどかに楽しんだ伝承ゲームであります。2〜3歳の子どもたちは，年上の子の仲間に入れてもらえるだけでもうれしいものです。自分たちは，何もわからなくても，父や母や年上のだれかが，遊び方を教えてくれます。自分は両手を前に出していればよいのです。

年上の人が，「どのおせんべいがやけたかな」といいながら，ひばちを囲んで並んでいる小さい手の甲をゆっくり，1つずつ触れていきます。そして，言葉の終わりの時にあたった手が（おせんべいが）焼けたことになり，その手を裏返します。何回か，くりかえしているうちに，裏返して手のひらが上になっている手にあたったら，おせんべいの裏表が焼けたことになりますので，その手を，むしゃむしゃと食べるまねをします。両方ともに早く焼けた子が勝ちになります。しかし，勝ち負けとかいうよりも，この遊びは，その言葉と偶然性が支配する面とが，実に楽しい雰囲気をかもし出すのです。

人数が多い場合には，「どのおせんべいがやけたかな，かみさまのいうとおり……」などと言葉をつぎ足して長くしていきます。

●3歳児●1学期●室外ゲーム

❻　かけておいで

＜準　備＞
　な　し

＜遊び方＞
「みんなで，いっしょに，庭をかけましょう」と，先生が先になって，庭中を，ゆっくりかけまわります。
「元気に，かけられましたね。それでは先生だけ，庭をかけまわりますよ。そして，ふえをピーと吹いて先生が止まったら，みんなは，先生のところまで，かけてきてください」とやってみます。
　何回もくりかえして遊びましょう。「ころんでも，なかないでがんばりましょう」

＜留意点＞
　先生が笛を吹くまでは，子どもはかけ出さないというルールがある遊びです。3歳児の中には，そのルールを守れない子がいるかもしれませんが，あまり厳格に指導する必要はないでしょう。3歳児では，先生がかけ出せば，いっしょにかけ出したいという欲求が強く，同じ3歳児でも生活年齢の低い子ほど自己制御がむずかしいでしょう。だれが上手にできたとか，だれが早かったとかを，とくにいう必要はありません。楽しく参加することに意義があります。

3歳児のゲーム遊び

≪教育効果≫

1. "かける"ということは、すべての体育の基本ということができます。そして3歳児では機能的に、かけるということだけでも喜ぶものですし、この頃にかける楽しさを経験させることは極めて大切なことです。ですから、≪留意点≫でも述べたように、あまりゲーム的に考えないで、先生と子どもが、楽しくかけまわることに大きな意義があります。

2. 大好きな先生に向かってかけるということは、3歳児にとってはうれしいことでしょう。こうしたときの先生の表情が、子どもとの信頼感を高めます。

≪展　開≫

　かけるという基本の大切さを常に忘れずに、とくに指導する時に限らず、「かけるよー」とか、「競争でいこう」(実は競争ではないが)といって、チャンスがあればかけ出して、体を動かすようにしたいものです。

●3歳児●2学期●集会ゲーム

て　なきごえあそび

＜準　備＞

　いぬ、ねこ、にわとりなど、なき声のある動物で、しかも、3歳児にも身近であろうと思われる動物・鳥・虫などの絵を1枚ずつ描いておきます。

＜遊び方＞

　「この絵は何ですか」と子どもたちにききます。「そうです。いぬの絵ですね。いぬはなんといってなくか、知っている人はないでください」

　すると子どもたちは「わんわん」と元気よくなくでしょう。

　用意しておいた絵を次々に1枚ずつ出して子どもたちに、そのなき声をいってもらいます。

　「さあ、これで、全部の絵を見せましたが、次に、どの絵を出すか、わかりませんが、なき声をまちがわないようにいってください」と、次々に出して遊びます。

＜留意点＞

　絵は、あまり小さくなく、はっきりわかりやすく描きましょう。

　子どもたちがそのなき声に自信がなかった時には、はっきりと正しいなき方を指導しないと、楽しい進行になりません。

　絵の数は5、6枚か多くとも10枚程度にとどめましょう。絵の出し方は、あまり早すぎないように、そうかといって間があきすぎるのも困ります。子どもの気持ちに合わせて、適度に出します。なれてきたら、多少早くし

❖ 3歳児のゲーム遊び

てみるのは良いでしょう。

　保育者の一般的態度ですが，楽しいゲーム指導のためには，とくに，明るく健康な表情が必要です。

　絵はできるだけ形式的図案的なものは避けて，生き生きとした絵にしたいものです。

≪教育効果≫
1. なき声には，その動物の特徴があります。
　3歳児ですから，きびしくいう必要はないのですが，指導する側は，その特徴を知っているべきでしょう。できれば，それらしく表現することを期待したいものです。
2. いろいろな動物により，それぞれなき声が異ることを，遊びを通じて理解します。

≪展　開≫

　子どもに自分の好きな1枚の絵を持たせ，「いち，にいの，さん」で，絵を出させて，めいめいのなき声をいわせる方法もあります。また絵のかわりに，ぬいぐるみ人形を使ってもよいでしょう。

●3歳児●2学期●集会ゲーム

8　ぐるぐるぐる

≪準　備≫
　な　し

≪遊び方≫
　「ぐるぐるぐるぐる……」といいながら，両手を体の前で，糸を巻くように動かします。はじめ先生が，やってみせます。「ぐるぐるぐるぐるって，みんなもできますか。いっしょにやってみましょう」と，みんないっしょにやります。そして「こんどは，だんだん早くやってみましょう」と，いっしょにやってみます。
　「つぎは，だんだん，ゆっくりやってみましょう」と，みんないっしょにやってみます。そして，次には，早くしたり遅くしたりつづけてやってみましょう。

≪留意点≫
　手を巻く動作は，はじめはむずかしい子がいる場合がありますから，なるべくゆっくりした動作からはじめましょう。そして，できるようなら，しだいに早くします。
　早い，遅いの変化も，あまり急激に変化させないで，ゆっくりさせてください。ゲームに限らず，こうした基本の段階でうまくできずに抵抗を感じさせてしまうと，いつまでも，しこりを残すことになりますから，むずかしいようなら，すぐに打切って，他のことに変えるのが賢明です。この場合，与える時期が早かったことになりますから，次の機会を待つことにしましょう。

≪教育効果≫
1．この遊びは機能的運動遊びですから，手を巻く動作が，できるようになり，その楽しさを経験させることがねらいです。もちろん，だれがうまくできるかというゲーム

3歳児のゲーム遊び

性があることはいうまでもありません。

しかしこの段階ではそれを言葉に出していう必要はありません。

2．ぐるぐるぐる……という言葉の楽しさを感じとらせます。そのために，保育者の軽快な発音と表情が大切です。

≪展　開≫

何日か指導してみて，子どもたちができることがはっきりしたら，立ってやってみましょう。立ってすると，力が入って早くできます。

また，半数ずつ，向かい合いになってやってみるのも楽しいでしょう。

また，「1　おててポンポン」（14ページ）のように「あたま」とか「かた」とかいって，遊びに区切りをつけるのも一法です。

ボンボンまーえ＊〈集会ゲーム〉

「ボンボンまーえ」は，特別の伝承ゲームでもないし，また移入ゲームでもありません。しかし，もっとも単純な形の手あそびの一種と考えられるし，幼児教育の現場で，広く使われているようなので，ここに加えてみました。

「ボンボン」で手を2回たたき，「まーえ」で両手を前に伸ばします。この動作は，整列する時の「前にならえ」の動作として使われる場面を多く見かけますが，ここでは手あそびとして収録するものです。「ボンボンまーえ」「ボンボンうーえ」「ボンボンしーた」「ボンボンほっぺ」「ボンボンみーみ」「ボンボンはーな」「ボンボンおなか」「ボンボンかーた」「ボンボンまーど」（窓の方を両手でさす）「ボンボンでんき」などと変化させて遊びましょう。

●3歳児 ●2学期 ●室内ゲーム

9　おおきくうなる

≪準　備≫
　たいこ（またはタンバリン）

≪遊び方≫
　「みんな，かいじゅうってしってるでしょう。かいじゅうになって歩けるかな？」とうながします。「では，みんなでかいじゅうになって歩いてみましょう」とやらせてみます。
　「とても，上手に，かいじゅうになれましたね。では，かいじゅうになって歩いている間に，たいこがドンと，なりますから，そしたら，かいじゅうは，怒って大きな声で，うなりながら歩いてみましょう」とやらせてみます。
　「では，たいこを小さくたたいたら，かいじゅうも小さい声でうなりながら歩くことにしましょう」とやってみます。
　次に，大きくたたいたり，小さくたたいたりつづけてやってみましょう。

≪留意点≫
　室内は整理して，なるべく広くしておきましょう。大きな声で，うなる時，本気になって友だちに乱暴するような子があれば，注意しなくてはならないでしょう。小さい声のところは，あまり時間を長くしないで，切りかえてあげましょう。

≪教育効果≫
1．何かに変身するということは，子どもの心を満たすものがあります。その年齢に応じて，ある場合は夢の実現であり，ある場合は変身の楽しさであります。
2．ゲームには，いろいろな要素があり，いろいろなルールがあります。その中で，リーダーの指示に従うということは，大きなウエイトを占めています。この遊びは，その点，たいこの音に従うという，はっきりとした集団遊びの基本の経験ということになります。しかし，前述しているように，3歳児のゲームは"楽しく遊ぶ"ことが主目標ですから，厳格に，指導する必要はな

3歳児のゲーム遊び

いのですが，明らかに，この遊びでは，たいこの指示に従うことが，楽しさを増すことになるわけです。

≪展　開≫

この遊びを子どもたちが楽しくなった頃，先生が，「こわいかいじゅうね」とか，「たすけてー」とか言いながら，逃げると，子どもは，それに対応して先生を追いかけるでしょう。このように劇あそび的に展開してみることもできます。

ずいずいずっころばし＊〈室内ゲーム〉

ずいずいずっころばし，ごまみそずい
ちゃつぼにおわれて，とっぴんしゃん
ぬけたら，どんどこしょ
たわらのねずみが，こめくってちゅう　ちゅうちゅうちゅう
おっとさんがよんでも　おっかさんがよんでも　いきっこなあし
いどのまわりで，おちゃわんかいたの，だあれ

まるくなってすわります。両手を握って，ひざの上にのせます。そのとき，にぎりこぶしを立て，穴が上をむくようにします。みんなで，「ずいずいずっころばし」の歌をうたいはじめると，1人のおにが，すわっている人のにぎりこぶしの穴に，人さし指を，次々に，歌に合わせて，差しこみます。次々に指を差しこんでいき，最後の「……れ」に当った人は，その片手を引っこめます。何回もくりかえすうちに，だんだんに手が少なくなっていきます。（3歳児では，おには先生がやりましょう）両方の手を引っこめた人も，最後まで楽しく歌をうたいましょう。

●3歳児 ●2学期 ●室内ゲーム

10　おだんごころがし

≪準　備≫
　ねんど，板，小さい旗（人数分）。
　板は，斜めにして，ねんどでつくったおだんごがころがるようにしておく。（室内用すべり台を利用してもよい）

≪遊び方≫
　「ねんどで，おだんごをつくりましょう」と，みんなで，おだんごをつくります。
　「さあ，おだんごができた人は，この板の上をころがしてみましょう」と，次々にやらせてみます。
　「並んで順番にやってみましょう。並んでいる人は，だれのおだんごが，どこまでころがったか見てみましょう。よくころがったおだんごには，先生が小さい旗を立ててあげましょう」と，次々にやらせてみます。「おだんごが，あまり小さかったり，まるくなかったりすると，うまくころがりませんから，直しましょう」

≪留意点≫
　板は表面のなめらかなものを使い，どのくらいの角度が適当か，事前にテストしておきます。板の幅は，なるべく広いものを使い，途中で，板がずれ落ちないように配慮しておきましょう。
　ねんどがやわらかすぎるところがりません。また，板からころがって床の上をころがりますから，十分スペースをとっておきましょう。

✣ 3歳児のゲーム遊び

≪教育効果≫
1. つくったものを使って遊ぶことは楽しいことです。もともと，子どもは，遊ぶ目的で竹馬をつくったり，紙ひこうきをつくったりしました。保育の現場では，指導が先に立ち，子どもからの遊びが姿を消している施設がありますが，そこには，子どもの生活が無いということになります。幼児教育は人間形成が第1の目的です。生活がなければ，人間形成はできないのですから，その施設では，正しい幼児教育をしていないことになります。話がむずかしくなりましたが，この遊びは，その意味で，遊びの原点ということができます。自分がつくったねんどのおだんごがころがるという楽しさを経験します。

2. おだんごのつくり方によって，良くころがるおだんごと，あまりよくころがらないおだんごがあるのを知ります。

≪展　開≫
　棒または，長い定規などを板の上部に置いて，たくさんのおだんごを並べておき，棒をサッと取り除くと，おだんごが，いっせいにころがります。どのおだんごが良くころがるかを，斜面側から子どもたちに見せましょう。

●3歳児●2学期●室外ゲーム

11 みんなでかけよう

≪準　備≫
　なし

≪遊び方≫
　「みんなで，庭をかけましょう」と，先生が先頭に立って，園庭をかけてまわります。
　「では，だんだん早くかけてみますよ」と先生は，少しスピードを上げてかけますと，子どもたちも，遅れまいと，がんばるでしょう。
　「みんな，ずいぶん早くかけられましたね。それでは，次はゆっくりゆっくりかけてみましょう」と，先生は，スローモーションでかけます。子どもたちも，そのまねをして楽しくかけるでしょう。
　このように，早くかけたり，ゆっくりかけたりして，楽しみましょう。

≪留意点≫
　早くかけるとき，先生は子どもたちが，ついていける程度の早さでかけます。あまり早すぎて，子どもたちが，ついていけなくては，楽しくかけることになりません。また，早くかける時間が長すぎると，子どもたちの意欲がそがれる恐れがあります。

　スローモーションで，ゆっくりかける場面では，子どもたちが先生より前に出ることがあるかもしれませんが，それも悪くはないでしょう。ただし，「いまは，なるべく，ゆっくりかけているのよ」ということは必要でしょう。
　園庭は，なるべく大きく広く使うべきで，そのための円（トラック）を描くのも良いでしょう。もちろん，反対に回る子は許されません。
　スローモーションでゆっくり走るところは先生は大いに演技を発揮して楽しく走ってみてください。

≪教育効果≫
1．かけることの楽しさを十分味わわせましょう。幼児は自分のペースで走り，個人差も大きいのですが，ともかくも，走ることが楽しいことは，運動あそびの基本として大切なことです。
2．動と静とは活動にリズムを与えます。とくに，この遊びでは，スローモーションの部分が対照的に楽しさを感じさせます。

🌸 3歳児のゲーム遊び

≪展 開≫
　庭に円（トラック）を描き、その一定のところを区切り、その場所だけは、ゆっくり走り、その他のところは全力で走るというようにするのも一法です。この場合も、はじめは、先生がいっしょにかけることにしましょう。

ひいらいた，ひいらいた＊〈室内ゲーム〉

　この「ひいらいた，ひいらいた」には、まったくゲーム性はないのですが、手をつないで輪になって、大きくなったり、小さくなったりという、集団あそびの、すぐれた原形と考えられるので、ここに収録することにしました。
　のどかな気持ちで、ゆったりと歌いながら、すばらしいわらべうたを味わうことは幸せなことです。そのすばらしさを、子どもたちに伝えたいものです。

　　　　ひらいた　ひらいた　なんのはながひらいた
　　　　れんげのはながひらいた
　　　　ひらいたとおもったら　いつのまにか　つぼんだ

　　　　つぼんだ　つぼんだ　なんのはながつぼんだ
　　　　れんげのはながつぼんだ
　　　　つぼんだとおもったら　いつのまにか　ひらいた

●3歳児●2学期●室外ゲーム

12 かけていってもどってくる

≪準　備≫
　なし

≪遊び方≫
　子どもたちを園庭の中央に集めます。「先生が，いうものがどこにあるか，みんなで指してくださいね」といってから，「すべりだい」といいます。子どもたちは，いっせいに，すべり台の方を指さすでしょう。次々に，ぶらんこ，たいこ橋，のぼり棒，ジャングルジム等といいます。
　「みんな，よく知っていますね。では，こんどは，先生がいったもののところまで，かけて行って，それにさわって，先生のところまで，かけてもどってきてください」といってから「すべりだい」といいます。
　子どもたちは，いわれたように元気にかけていくでしょう。先生が，次々にいって，くりかえし遊びましょう。

≪留意点≫
　3歳児のゲームは楽しく遊ぶことが主目的です。このゲームでも，そのことを忘れないで，みんなが参加して楽しく遊べることを考えましょう。そして，それが3歳児では大きな意義があることを保育者は自覚しましょう。
　このような遊びはかける楽しさが主であって，早い遅いをいってはいけません。早い遅いをいうと，同じことのくりかえしですから，遅い子は常に遅く，興味は薄らぐ一方になります。ですから，この遊びでは，“先生のいったところにさわってくること”に，ねらいをしぼって，楽しさを大きくすることが大切です。

3歳児のゲーム遊び

「ぶらんこ」

≪教育効果≫
1. かけることが好きな子が、さらにその楽しさをふくらませます。(かけることの楽しさを十分に理解していなければ、「6　かけておいで」をやってみましょう)
2. 指示されたものに対して、全力でかけて行ってくることにより、かける力を高めることができます。(もちろん、幼児なりの全力疾走であって、ほんとうの全力疾走ではありませんが)

≪展　開≫
　足の速い子たちばかりとか、比較的遅い子ばかりとか、5～6人、または10人くらいずつ選んで、この遊びを展開してみましょう。ときには、女の子だけとか、男の子だけとか変化をつけてみましょう。
　いずれの場合も、見ている子たちは声を出して応援します。

●3歳児●3学期●集会ゲーム

13 ひらいてポンポンポン

豊田君夫 作詞・作曲

（楽譜）
ひらいて ポンポンポン ひらいて ポンポンポン
むすんで のばして ひらいて ポンポンポン

＜準　備＞
なし

＜遊び方＞

「ひらいてポンポンポン」をゆっくりうたいながら，先生は，次のような手あそびをして見せます。

ひらいて………両手を体の前で左右に開く。
ポンポンポン………両手をつづけて3回たたく。
ひらいてポンポンポン（くりかえす）
むすんで……両手を握って2つのこぶしをつくる。
のばして……指先まで，まっすぐにのばす。
ひらいてポンポンポン（前の動作と同じ）

「もう一度，ゆっくりやりますから，みんなも，いっしょにやってみましょう」と，ゆっくりうたいながら，動作をくりかえします。何回も，マスターできるまで楽しくくりかえしましょう。

＜留意点＞

先生は，歌も動作も，よくマスターして，楽しい気持ちで指導できるようにしましょう。歌も動作も，とてもリズミカルにするために「ひらいて」のところは，開いた両手を，その場で上下するように動かしてリズムをとります。

何回かくりかえして遊び，いよいよ終わるときには，最終節の「ひらいてポンポンポン」はテンポを遅らせて歌い，そして最後の「……ポン」は「ポーン」とのばして終わらせるようにしましょう。

3歳児のゲーム遊び

≪教育効果≫
1. 声を出しながら、楽しく体を動かすのが歌あそびの特徴です。この歌は、「むすんでひらいて」に比較して、ゆっくりと、リズミカルに、そして、のどかにうたいましょう。そこに、この歌の安定感があります。
2. ゆったりとした、のどかな歌と動作により、身心の柔軟さを共感することでしょう。

≪展　開≫
　この歌あそびを何日か楽しんだ後に、次のように変化させてみましょう。

　まず、歌を早くうたってみたり、次には、ゆっくりうたってみたりして楽しみます。
　また別に、先生がポンポンポンと両手をうつところを、いろいろと変えて動作をつけてみましょう。たとえば、両手で頭を軽くたたくとか、ほっぺを軽くうつとか、お腹をうつとか、肩に触れるとか、やってみましょう。ただし、歌の中の3回の「ポンポンポン」は、同じ動作とし、次のうたいはじめの「ポンポンポン」で動作を変えるようにします。

● 3歳児 ● 3学期 ● 集会ゲーム

14 たまごがころころ

《準 備》
　なし

《遊び方》
　「みんな，たまごって知っていますか，どんな形をしているでしょう」と問いかけます。
　「そうです。たまごは，まるいから，ころころがるでしょうね」
　"ころころころころこーろころ"といいながら，両手を体の前に出して糸をくる時のように，ぐるぐる巻く動作をします。「みんなも，いっしょにやってみましょう」と，何回もくりかえして楽しそうにやってみます。
　「さあ，たまごが，ころころころころころがっていって，固い石にこつんと当たりました。そしてたまごがわれて中から何の赤ちゃんがでてきたでしょう。これを見ていたおかあさんが，"コケコッコー"となきました。さあ，このたまごは，何のたまごだったでしょう。そうです。コケコッコーってなく鳥は，にわとりですね」
　このようにして，からす，あひる，すずめ等をとりあげてみましょう。

《留意点》
　「たまごがころころこーろころ」はリズミカルに楽しそうに指導しましょう。この部分が楽しくできるだけでも良いのです。この部分の楽しさがわかりませんと，その後の展開にも興味がふくらまないでしょう。
　鳥の種類は，とくに多くする必要はありません。くりかえすことの楽しさに重点をおきましょう。終わった後で，鳥の絵や写真を見せるのも良いでしょう。

《教育効果》
1．リズミカルに言葉をいいながら，体を軽く動かす楽しさを経験します。これは，音楽，踊りの基本につながる大切なことであります。
2．友だちがいっしょに，声を合わせて体を動かすことは，集団遊びの大切な一面であり，気持ちの統一や集団活動の基本をつくります。

3歳児のゲーム遊び

<展　開>

　これは集会ゲームですが，別の時に室内遊びとして，指導してみましょう。
　「たまごがころころこーろころ」は，手をぐるぐる巻きながら，踊るように，自由隊形で歩きます。そして，先生が笛を吹いたら子どもたちは，「いたい」といって，ころぶまねをします。そして先生の指示（言葉または絵）に従って鳥のなき声を出します。

いとまきまき*　〈集会ゲーム〉

　たいへん楽しく幼児に適した歌あそびであります。
テンポを早くしてうたったり，次には，遅くしたりして変化をつけましょう。

　　いとまきまき，いとまきまき ―― 両手を体の前に出して，糸を巻くときのようにぐるぐると交互に動かします。
　　ひいてひいて， ―― 両ひじを体の両わきに2回くりかえして引きます。
　　とんとんとん ―― 両手を握りこぶしにして，重ねるように3回たたきます。
　　いとまきまき，いとまきまき ――
　　ひいてひいて，とんとんとん ―― ｝くりかえす。
　　できた，できた， ―― 拍手をしながら両手を下から上へあげていきます。
　　○○○の，おくつ ―― 上にあげた両手を横にひらいて，きらきらさせながらおろします。
　　できた，できた
　　○○○のおくつ ―― ｝くりかえす。

● 3歳児 ● 3学期 ● 室内ゲーム

15 じどうしゃパンク

<準 備>
　なし

<遊び方>
「みんな，じどうしゃにのったことがありますか。じどうしゃを，うんてんする人を見たことありますか」と問いかけます。
「それでは，きょうは，みんなが，うんてんしゅになってみましょう。ハンドルをにぎって，うんてんしゅさんのまねをしてみましょう」
　子どもたちは，ハンドルをにぎるまねをして部屋中を動きまわるでしょう。
「とても，じょうずですね。みんなのじどうしゃ，何かしら。自分の家の車か，トラックか，タクシーか，ジープか，何でしょう」と子どもたちと話し合います。

「さあ，また，うんてんして車を走らせてください」―子どもたちは，前よりも元気に，ブウブウブウなどといいながら動きまわるでしょう。
「みんな，パンクって知っていますか。そうです。タイヤの空気がぬけて，じどうしゃが走らなくなってしまうのです。では，先生が"パンク"といったら，みんなは，床の上にころがってください」と話してから，やってみます。これをくり返して遊びましょう。

<留意点>
　子どもたちの活動を見ながら，「ほんとうのうんてんしゅさんみたいですね」とか「どんなすてきな車をうんてんしているのかしら」とか，「あまりスピードを出しすぎないようにね」とか，言葉をかけて，楽しさをもり上げ

3歳児のゲーム遊び

ましょう。

　室内はかたづけて広くし，危険なものは取り除いておきます。できれば遊戯室のように広い場所が適当です。広い所でする時は「パンク」というかわりに，たいこをたたくと，はっきりするでしょう。

　近くに道路があれば，車やドライバーを見せるのも良いでしょうが，渋滞の道路では逆効果かもしれません。また，軽快な音楽を流してあげるのも一法でしょう。

≪教育効果≫

1．子どもが好きな自動車の運転をすることは夢のひとつでもありましょう。それを，十分に味わわせてみようというものです。
2．ですから「パンク」に重点をおかないで，十分に運転を楽しませてください。楽しい流れの遊びの中に，区切りをつける経験が大切です。「パンク」には，そうした意味もあります。また，それが遊びの楽しさを高めることになるのです。

●3歳児 ●3学期 ●室内ゲーム

16 人形かくれんぼ

≪準 備≫
　人形3体（なるべく，かわいいもの）。

≪遊び方≫
　「かくれんぼって知っていますか。1人がおにになって，ほかの子は，どこかへかくれます。"もういいかい"っておにがきいて，"まーだだよ"っていわれたら，まださがしてはいけないの。"もういいよ"っていわれたら，おにはかくれた子をさがしはじめます。これが，かくれんぼです」
　「では，これから，お人形さんに，かくれんぼをしてもらいましょう。これは何でしょう？」と，3つの人形をひとつずつ取り出して見せます。たとえば，いぬと，くまと，ぞうとしてみましょう。（以下，人形を動かしながら進めます）

　「みんなで，かくれんぼをしようよ」
　「うん，しようしよう」
　「だれがおにになる？」
　「ぼくが，おにになるよ」
　「うん，じゃ，くまさん，おにになってね」
　（くまは，うしろ向きになります。先生は，いぬと，ぞうを，別々に，適当なところにかくしますが，子どもたちから見える所を選びます）
　「もういいかい？」
　「まあだだよ」
　「もういいかい？」
　「まあだだよ」
　「もういいかい？」
　「もういいよ」
　（くまは，いぬとぞうをさがします）

このようにして、2～3回くり返します。
「みんなも、お人形さんといっしょに、かくれんぼをしたいですか」

≪留意点≫

 ぬいぐるみ人形は、すわっているものが最適ですが、無ければ、物に寄りかからせましょう。

 進行の途中で、子どもたちは、いろいろと発言すると思いますが、進行の妨げにならない範囲で、押さえつけない方が、遊びが盛り上がります。最後に、子どもたちが、人形といっしょに、かくれんぼに参加すれば大成功です。

≪教育効果≫

 これは、いうなれば、人形かくれんぼっこ遊びです。子どもたちが人形になったつもりで、どこにかくれようかと考えたり、「あそこだよ」と、おにに教えてあげることが望ましい姿です。絵本を見たり紙芝居を見たりして、その中に入りきる、あの心境です。

●3歳児 ●3学期 ●室外ゲーム

17 ならしましょう

<準　備>
　庭のあちこちに机を置き，その上に，たいこ，タンバリン，鈴などの楽器を1種類ずつのせておきます。
　スタートラインを引いておきます。

<遊び方>
　「にわのあちこちに，机がおいてあって，その上に，何かがおいてありますね。では，みんなで，見にいきましょう」と，子どもたちといっしょに，見にいきます。「これは何でしょう。そう，たいこですね」
　このようにして，次々に机の上にあるものを確認して，スタートラインにもどります。
　「これから，かけて行って，次々に楽器をならしてきましょう。はじめに先生がやってみますよ」とやってみます。
　「では，先生があたまをさわった子から，次々に出発してください」

<留意点>
　この遊びは，走ることが基本になっているので，庭の広さに対して，机が多すぎると，走ることが少なくなりますから，多すぎないように配慮しましょう。また，たいこのばちを2～3本つくり，各楽器とも2～3こを机に置くようにすれば，2～3人がいっしょに走ることができます。この場合も，2～3人と競争ということにはしないで，次々に発走させて，走ることと楽器をならすことを楽しむことにポイントをおきましょう。
　また，楽器を机から落とさないように，あらかじめ注意しましょう。また，この遊びの前に，各楽器のならし方を，指導しておくのも一法です。

<教育効果>
1．走る楽しさに，楽器をならす楽しさを加えたゲームで，走ることの内容に変化をもたせるとともに，遊びの中で楽器に気軽に接触させるのがねらいです。
2．遊びの内容としては，いくつかの楽器を残らずならしてくること，早く走って帰ってくることが含まれていて，3歳児としては高度なものですが，その巧拙や，遅速を意識させないように配慮するのが3歳児のゲームの特徴であります。そうすることが楽しく遊ぶという主目標を達成するために効果的であります。しかし，3学期に入ると，生活年齢もすすみ，それだけでは，満足しなくなるのも事実であります。しだいに，4歳児のゲームの段階に近づいたということになります。

3歳児のゲーム遊び

≪展　開≫

　スタートラインの前方に，楽器を平行にならべておき，いっせいにスタートして，何でもいいから，好きな楽器をならしてくる方法もあります。

かごめ　かごめ＊〈室外あそび〉

　　　　かごめ　かごめ　かごのなかの　とりは
　　　　いついつ　でやる
　　　　よあけのばんに
　　　　つるとかめと　すべった
　　　　うしろの　しょうめん　だーれ

　みんなで手をつないで丸くなります。円の中央に目かくしした1人の子がおにになってしゃがみます。みんなで"かごめ，かごめ"の歌をうたいながら，ぐるぐる回りましょう。そして，"うしろの正面だーれ"でとまります。

　歌が終わったら，おには，うしろの正面に立っている子の名前をいって当てます。何のヒントもなく当たれば一番良いのですが，うしろの子の名前の頭文字をいって，たとえば「まのつく子はだーれ」などとヒントを出してあげます。

　また，うしろの正面の子が，「だれだか当てて」と声を出して，ヒントにしてあげたり，動物のなきまねをしたりします。さらに，おにのそばに行ってあげて，うしろの正面の子におにが触れて当てさせる方法もあります。

47

●3歳児●3学期●室外ゲーム

18 かけていってかくれる

≪準 備≫
　大きな暗幕1枚(または、それにかわるもの)。
　スタートラインを引きます。

≪遊び方≫
　「向こうの方に、黒い幕がおいてあるのがわかりますね」と話しかけます。「では、このスタートラインに、並んでください。そして"よーい、ドン"で、かけだしていって、向こうの暗幕の下にかくれてください」と、やらせてみます。
　「みんな、じょうずに幕の下にかくれましたね。あら、幕の下にかくれているのじゃないみたい。どこかへいってしまったのかしら」などといいながら、暗幕の方へ近づいていきます。「みんな、どこへいったのかな。先生がそばへいったら、"わっ！"って大きな声で、先生をおどろかせてみてください。どこへいったのかなあ」と、暗幕の側に立ちます。
　子どもたちは、「わっ」といって幕の下からでてくるでしょう。その時、先生は、大げさにびっくりしてください。このようにして、くりかえして遊びます。

◆ 3歳児のゲーム遊び

≪留意点≫

　1回目は、保育者が考えるようにうまくいかないかもしれません。幕の下に入ってかくれる場面、出てくるタイミング等が、うまくいかなくてもかまいません。遊び方がわかってくれば、2回目は、少しうまくいくでしょう。くりかえしてやってみましょう。

　そして、幕の下で、動いていると、その下にいることがわかってしまうから動かないようにすること、先生が幕の側に立って「どこへいったのかなあ」といった時、"わっ！"といって出てくること等の要領がしだいに理解できることでしょう。

　子どもたちが幕の下にかくれるような大きな幕を出しましょう。ない時は、子どもを半数ずつ参加させることにします。

≪教育効果≫

1．この遊びでは、走っていって幕の下にかくれるため、遅速の優劣は、ほとんど問題にならないので、「よーい、ドン」といったり「だれが早いかな」といってもさしつかえがありません。競争意識を持たせるのに有効です。

2．先生をびっくりさせる劇的表現が、この遊びのポイントですから、子どもたちが満足できるように、先生が表現してあげてください。

≪展　開≫

　先生が、びっくりしてから、「たすけてー」とか、「こわいよー」とかいって逃げ出し、子どもたちに追いかけさせるようにするのも一法です。

ゲーム遊びの創作事例

創作事例1　ぴょんぴょんぴょん

　≪動機≫

　廊下を歩いていたら女の子が「園長先生」と後ろから声をかけてきた。わざと知らん顔をして歩いていたら、前より大きな声で「園長先生」と呼ぶ。足を止めて立ち止まったが、わざと何もいわずに振り向きもしないでいると、大きな声で「園長先生！」といったので両足飛びで、大きくピョンと飛び上がってみせた。女の子は前にきて私と顔を見合わせて笑った。

　≪遊び方≫

　数人の子が歩いています。（その子たちをうさぎさんとしてもよい。）見ている人たち全員で「うさぎさん」といいますが、子どもたちは知らん顔で歩いています。そこで、みんなは、少し大きな声で「うさぎさん」といいます。そしたら歩いていた子たちは立ち止まります。みんなは、大きな声で「うさぎさん」といいます。立ち止まった子たちは、なるべく高くピョンと飛び上がります。だれが一番高く、とび上がったでしょうか。

創作事例2　ドカン・スー

　≪動機≫

　自由あそびの時間に庭を歩いていたら一人の男の子が、ふざけて私にぶつかってきた。わざとふくれっつらをしたら、二度目は力いっぱいかけてきて当たった。私が受け止めてやると、それを見ていた子どもたちが、次々にきては私にぶつかった。私は仁王立ちになって受け止めた。しかし、だんだん下腹部が痛くなって逃げだした。

　≪遊び方≫

　先生は足を横にひろげてしっかり立っています。みんなは向こうから、一人ずつかけてきて、先生に当たって先生を動かしてください。思いきりやっていいですよ。（とやらせてみる。）

　では次に、先生が片手をあげています。みんながかけてきた時、手を前にさげたら今まで通りに先生に当たってください。ところが先生の手が左の方をさしたら、みんなは先生に当たらないで左の方へスーッとかけぬけてください。右をさしたら右の方へかけぬけてください。さあ、まちがえないでできるかな。

創作事例3　日本平ゲーム

　≪動機≫

　日本平へ行ったら、前方に富士山が美しく、右の下には太平洋の水が澄んで見えた。これを使ってゲームを作ろうとしてみた。

　≪遊び方≫

　先生が"富士山"といったら、みんなは両手を使って富士山を作ってみましょう。（とやらせてみる。）"海"といったら、両手で海のようにしてみてください。（とやらせてみる。）　"海"とか"富士山"とかいいますから、まちがえないようにやってみてください。

　では"空"といったら、両手を使ってどうしましょうか。（子どもたちと相談してきめます。そして、「どっちか、どっちか、どっちかな」とゆっくりいった後に、三つの言葉の中の一つを早くいって遊ぶ。）

4歳児のゲーム遊び

● 4歳児 ● 1学期 ● 集会ゲーム

19　ザアザアあめが

♪ ざあざあ ざざざ あめがふる ♪

≪準　備≫
　なし

≪遊び方≫
　「ザアザアザザザ，あめがふるー，ザアザアザザザ，あめがふるー」と先生がうたいます。「みじかい歌ですから，みんなもいっしょにうたいましょう」と，ゆっくりうたいます。体を少し動かして楽しそうにうたいます。
　「あめがふっている時に，さすものは何でしょう。そうです。かさですね。では，くりかえし，うたっているとちゅうで，先生が，"あたまの上"といったら，みんな，"かさ"とこたえてください」と，歌を何回もうたいながら「あたまの上」をくりかえします。「では，先生が"かえる"といったら，みんなは，何といいますか」——子どもたちの発言により，"ぴょんぴょん"とか"げろげろ"とかにきめましょう。
　その他，「すべった」→"ころりん"とか

"いたい"，「あらし」→"ぴゅうぴゅう"とか"こわいー"など，自由に考えてみましょう。

≪留意点≫
　4歳児のゲームは，協調して楽しく遊ぶということで，みんなで力を合わせて，参加するということになります。このゲームでも，子どもたちの発言を，十分にとり上げて進行させてください。
　とはいっても，4歳児の1学期は，3歳児的要素が残っていますから，一挙に程度を上げることには問題があります。3歳児の時と同じく，ゲームを楽しく遊ぶことが，4歳児でも5歳児でも基本であることを忘れないようにしてください。

≪教育効果≫
1．雨に関係する先生の言葉を通して，イメージをふくらませ，それを別の言葉に関連させて表現する作用が含まれています。つ

4歳児のゲーム遊び

まり想像力を広げる効果があります。そのため，自由に子どもに発言させて，なるべく実感のある，そして共感できる楽しい言葉を採用してください。
2. 先生の言葉に対応して，すばやく反応する発言の敏捷性が養われます。

≪展　開≫

　これは集会あそびですが，別の日に室内あそびとして展開してみては，どうでしょうか。うたいながら部屋中を歩きまわり，先生の言葉に反応して，かさをさすまねやころんだりする身体表現をしながら，言葉を発します。

ハンカチおとし* 〈室外ゲーム〉

　全員が円形に並んで，しゃがみます。1人のおにが，1枚のハンカチを持って，円形の外側をぐるぐると回ります。歩いても，かけても，どちらでもかまいません。おには，なるべく気づかれないように，1人の子どものうしろに，ハンカチを落とします。落とされた子は，すぐにハンカチを拾っておにを追いかけます。おには，ひと回りして，追いかけている子の場所にしゃがんでしまえば，おにを，追いかけている子に交替して，はじめからくりかえします。
　ハンカチを落としたおにが，ひと回りするまでに，落とされたことに気がつかないで，おにに「ポン」と背中をたたかれたら，その子がおにになります。そして，みんなに「おねぼうさん」といわれます。
　おにがぐるぐるまわっている時，子どもたちは，いつもいつも，つづけてうしろを見ていることは許されません。いつもは，円の中の方を見ていることにします。
　またおには，ハンカチを，子どもと子どもの間に落とさないようにきちんと1人の子のうしろに落としましょう。

●4歳児●1学期●集会ゲーム

20 トンネルほれ

＜準　備＞
　な　し

＜遊び方＞
　はじめに先生が，次のようにいいながら，手あそびをしてみせます。
　「トンネルほれ，トンネルほれ」――片方の手をにぎり，その真中に，もう一方の手の人さし指を入れたり出したり，くり返します。
　「トンネルほれ，トンネルほれ」――前と同じ。
　「できた，できた」――手を2回たたきます。
　「ばんざーい」――両手を上にあげます。
　「わかりますか。片方の手をにぎります。その穴がトンネルです。もう一つの手の人さし指でトンネルをほるのです。さあ，いっしょにやってみましょう」と，みんなで，いっしょに，ゆっくりやってみます。
　「できた，できた，ばんざい」は，元気に大きな声でいいましょう。

＜留意点＞
　手を握る時，あまり強く握っていると，中に指が入りにくいので，穴をなるべく大きくするように握ります。
　トンネルをほるのは，とても大変な仕事だから，できた時には，うれしくて，みんなが，「ばんざーい」といいたくなることを話しましょう。そして，先生が率先して大きな声でいいましょう。したがって，「トンネルほれ」は少し小さ目の声でいいましょう。

＜教育効果＞
1.「ばんざい」を大きな声でいって発散させ，活気を出させます。

4歳児のゲーム遊び

2．砂場あそびでトンネルをほったことのある子どもたちもいるでしょう。何かを完成させた時の明るい喜びの雰囲気を味わわせます。

≪展　開≫
　室内あそびとして，次のように展開させる方法があります。

　大きな幕（なければ，ふろしきなどをつなげて大きくする）を床の上に広げます。その四隅をあまりひっぱらないように押さえます。数人の子どもが「よーい，ドン」でその幕の下をくぐりぬけます（トンネルをほるということになぞらえる）。その間，まわりで見ている子は，「トンネルほれ」を合唱します。

●4歳児●1学期●室内ゲーム

21 うさぎの親子

≪準 備≫

椅子を人数分、円形に並べ、その一部を出入口として空けておきます。

≪遊び方≫

子どもたちは、みんな椅子に腰かけます。「ここは、うさぎのおうちです。先生は、うさぎのおかあさんです。だれかうさぎの子どもになってください」と3～4人の子を選びます。

「それでは、夜になりましたので、ねることにしましょう。かぜをひかないように、もっとおかあさんのそばにきてください」と、おかあさんも子うさぎたちもねます。

「朝になるとなく鳥がいますね。にわとりも朝になるとなきますね。では、椅子に腰かけている人は、みんなで"コケコッコー"とないてください」。まわりの子がにわとりのなきまねをしますと、うさぎたちは目をさまします。顔をあらったり、ごはんをたべるなど、自由表現をします。

では、「子どもたちは、外へあそびにいってらっしゃい」と先生がいうと、子どもたちは家の外へあそびにいきます。夕方になるとかえってきて、また自由表現をして楽しみます。

次の日になると、子うさぎたちは、また、あそびにいきます。「おおかみが出るといけないから、気をつけてね」という声に送られて子うさぎたちはあそびに出かけます。遊んでいるとおおかみが出てきておにごっこになります。子うさぎは、早く入口から家の中ににげこみます。

4歳児のゲーム遊び

≪留意点≫

　この遊びは、楽しい自由表現が前半にありますが、この部分に、なるべく時間をかけて活動させましょう。しかし、子どもたちがおにごっこに興味を持ちはじめると、自由表現が短かくなりますが、これは、ある程度は止むをえないでしょう。

　おおかみも、おかあさんも、子どもたちだけで遊べるように指導しますが、おおかみが出るキッカケは、先生が指示した方がよいでしょう。また、おおかみが出た時、椅子に腰かけている子に、「おおかみだよ」とか「はやくかえっておいで」等と声をかけさせるのも良い方法です。

　出入りは、かならず、家の出入口からのみさせます。ただし、おおかみは家の中に入ることができないことにしましょう。

≪教育効果≫

1. 先生と子どもが親子関係のように、直接接触して、交流を図ることができます。まわりで見ている子どもたちも、間接的に、それを感じとることでしょう。
2. おおかみも、それらしい表現をさせて、遊びの効果をたかめましょう。自由表現の楽しさを十分経験させます。

● 4歳児 ● 1学期 ● 室内ゲーム

22　うさぎ・おおかみ

＜準　備＞
　なし

＜遊び方＞
　「先生が，タンバリンをたたきはじめたら，みんな，先生のまわりをぐるぐる回って歩いてください」と，はじめます。
　そして，タンバリンを1回強くたたきます。「強くたたいたら，みんなとまってください。そして，先生が"うさぎ"といったら，先生はうさぎのおかあさんで，みんなは，うさぎの子どもになります。ですから，おかあさんの側にあつまってきてください」と，タンバリンをたたいて，はじめからやってみましょう。
　「でも，"うさぎ"といわないで，"おおかみ"というかもしれませんよ。その時には，先生はおおかみですから，みんな，先生につかまらないようににげてください」とやってみます。

＜留意点＞
　「うさぎ」の時は，先生の側に集まってきた子どもたちに，やさしい言葉をかけて，頭や肩をさわってあげてください。
　とくに，4歳児が新入児の場合は，4月から5月では，「おおかみ」はいわないで，「うさぎ」だけで遊ぶ方が無難です。子どもたちが安定してくれば，「おおかみ」を楽しむことができます。しかし，その場合も，なるべく「うさぎ」を多くいい，「おおかみ」は少なくしましょう。
　人数が多ければ，半数ずつで遊びます。また，場所がなければ園庭ですることも可能で

4歳児のゲーム遊び

しょう。

≪教育効果≫

1. 子どもの気持ちを安定させる効果があります。そうした時には、留意点で述べたように「うさぎ」を重点的に指導しましょう。
2. 「おおかみ」ではおにごっこあそびになりますが、みんなで、走りまわる運動あそびと考えて、先生は、捕えることよりも、追いかけることに意を使って、楽しく遊びま

しょう。

≪展　開≫

　ゲームあそびとして先生のかわりに、子どもになってもらうときには、1人でなく、2～3人を中央に立たせるようにします。この時は、タンバリンは、外部から先生がたたきます。そして、「うさぎ」「おおかみ」は、先生がいう場合と、1回ごとに子どもたちが相談してきめる方法とがあります。

●4歳児●1学期●室外ゲーム

23 みんなでないて

≪準備≫
　なき声のある動物や鳥などの絵を1枚に1つずつ大きく描いておく。
　スタートラインと，前方に折り返しラインを引く。その両端に目印に旗（またはそれにかわるもの）を立てておく。

≪遊び方≫
　子どもたちは，スタートラインに並びます。先生は，1枚の絵を子どもたちに見せます。「この絵は，何ですか？　そうです。ねこです。ねこは何となくでしょう」と言って，なきまねをさせます。「では，よーいドンで走って，前の旗の立っている線の所まで行き，"にゃーん，にゃーん，にゃーん"と3回ないてから，ここまで走ってかえってきてください」とやってみます。
　このようにして，次々に絵を替えてやってみましょう。
　一通り終わったら少し方法をかえてみましょう。「よーいドンで走っていったら，向こうの線で止まってください。そして先生の方を見てください。その時，先生が出している絵を見て，まちがわないように，なきまねを3回して，それから，戻ってきてください。もし，先生が，まだ絵を出していなければ，絵が出るまでは，線の所で待っていてください」

≪留意点≫
　庭の広さによって，絵が良く見えるように大きさをきめましょう。また絵は，明確にわかること，図式的でなく，明るい表情であることが望ましいでしょう。
　4歳児では，前方のラインの所でなくというルールが守りにくいかもしれません。「遊び方」の前節では，楽しく走るということに重点を置き，後半では，みんなが前方の線上に到着してから，絵を見せることによって，そのルールを守らせることができます。

4歳児のゲーム遊び

≪教育効果≫

基本的な走ることの楽しさを高めます。単に遅速だけでなく，なき声を加味して，みんなが元気よく楽しく走る効果をねらっています。

≪展　開≫

この遊びに関連して，先生が先頭に立って，元気になきながら，スタートラインから，ゆっくり歩いて，前方のラインまで行き，折り返してくるのも一法でしょう。

おじいさん，おばあさん* 〈室内ゲーム〉

『世界遊戯法大全』(明治40年，博文館版)という本を見ると，目かくし遊びは，古くから世界各国で行われたことが記されています。

わが国でも古くから目かくしおにが行われています。1人が目かくしをしておにになり，まわりにいる人をとらえ，その人が誰であるかを当てるのが原形でしょう。

なんといっても，保育の現場で指導してみて，4，5歳児で，もっとも楽しい目かくしおにがこの「おじいさん，おばあさん」であります。

2人の子どもが2人とも目かくしをします。そして，やや離れた所で，ぐるぐると3回，体を回します。事前に，どちらの子がおにになるか，どちらの子が逃げる子になるかをきめておきます。「よーい，はじめ」でおにごっこがはじまります。両方が目かくしをしているので，すれちがったり，とんでもない方へ行ってしまったり，見る側にとって楽しい場面が生じるのが特徴です。おには，逃げる子が男であれば，「おじいさん」と呼びます。呼ばれたら，かならず，「はーい」と答えなければなりません。(答えるかわりにタンバリンを持たせておいて打たせてもよい)

目かくしをするので危険防止，眼病予防に注意しましょう。

●4歳児●1学期●室外ゲーム

24 とりがきた

とりがきた　とんでった

≪準　備≫
なし

≪遊び方≫
空を見ていると，町でも，よく鳥がとんでいくのを見かけます。はととかすずめとか，からすとか，季節により，つばめとか，ひよどりとか，時には，しらさぎやかもめを見たこともあります。一方から鳥はとんできて，そして，とび去っていきます。そんなことから生まれたのが，この遊びです。

庭の中央に先生が立ち，子どもたちは，先生のまわりを，ぐるぐる歩きます。先生が笛をふいたら，みんな止まります。

その時，先生は，中央で，片手を真上にあげて，ぐるぐる体を回しながら，「とりがきたー，とんでったー」とうたいます。そして，歌が終わったときに，上にあげている手を水平に下げて，ある方向を指さします。

「先生が，指さしている方へ，走っていって，庭のすみまで行ったら，先生のところへもどってきてください」といって遊びましょう。

≪留意点≫
天気のよい日に青空をながめていると，野鳥がとんでいくことがあります。できれば，そんな時に，この遊びを指導したいものです。ですから，園外保育のときにも利用できるでしょう。

歌は短いものですが，「とりがきたー」とうたってから，少し間をおいてから後半をうたいましょう。その間，体は止めないで，ぐるぐる回っています。

大勢で，いっしょに走りますから，その点で，危険が生じると思われる方向は，示さないようにしましょう。

🎵 4歳児のゲーム遊び

≪教育効果≫

1. 「とりがきた，とんでった」という短い言葉ですが，野鳥がとんでいく姿に結びつけて，自然なゆったりとした気持ちが伝わり，この歌を子どもたちに口ずさむようにさせたいものです。そうした感情を呼びさませる効果があります。
2. 先生がぐるぐる回っているとき，子どもたちは，果して，どの方向を示されるかに注意し，気持ちを集中します。そのうえ，いっせいに走り出す瞬発性が養われることでしょう。

≪展　開≫

「とりがきたー，とんでったー」といいながら，庭中をかけ回るのも一法です。また，先生のかわりに子どもにやってもらいましょう。この時は，紙をまるめた筒を持たせて方向がはっきりするようにしましょう。

だるまさん，だるまさん* 〈集会ゲーム〉

だるまさん　だるまさん　にらめっこしましょう
わらうと　ぬかす　あっぷっぷ

どんなことでも，どんなものでも，遊び心があれば，遊びになり楽しくなります。この遊びも，その代表的なもので，この遊びが楽しい時は遊び心があるということになりましょう。

1対1の遊びですが，2対1でも，2対2でも，また，グループで2列に向かい合って楽しむこともできます。

●4歳児●2学期●集会ゲーム

25 ごろごろピカッ

<準　備>
　なし

<遊び方>
　「みんな，かみなりって知っているでしょう。お空の上の方で，ごろごろごろっていいますね。では，先生がごろごろごろって続けていいますから，両手を体の前に出して糸を巻くときのように，ぐるぐる手をまわしてください」と，やらせます。

　「それでは，はじめは，ゆっくりいいますが，だんだんに早くいいますから，みんなも，だんだんに手を早くまわしてください」とやってみます。

　「かみなりですから，ごろごろと音がしていて，ピカッってひかります。では，"ピカッ"って先生がいったら，みんなは，両手で目をふさいでください」とやってみます。

　「つぎに，"ドン"っていいます。このときは，かみなりが落ちたのかもしれません。このときは，いそいで，両手で耳をおさえましょう」とやってみます。

　"ごろごろごろ"に，ピカッ，と，ドンとを組み合わせて，くりかえして遊びましょう。

<留意点>
　「ごろごろごろ……」ははじめはゆっくり，しだいに速くなり，そして，「ピカッ」または「ドン」といいます。しかし，極端に早くいうと，手がついていけませんから子どもの様子を見ながら指導しましょう。

　この種のゲームでは，リーダーが，子どもたちに対して，程度を高くして，子どもが間違えたり，失敗したりする子が出ることを，つまり，うまくできる子とできない子がいることが，ゲームを楽しくすると考える人がいます。この考えは，小学校3～4年生以上には当てはまるかもしれませんが，幼児では正

4歳児のゲーム遊び

しいとはいえません。幼児では, 原則として, みんなができることが大切です。

実際には, 間違えたり, 失敗したりする子がいるのですが, 要は, 全員が参加できて, みんなで楽しむことを忘れてはなりません。

≪教育効果≫

4歳児もこの頃から集団ゲームの楽しさを理解し始めます。そして, 先生の明るく楽しそうな態度が, それを助長することに大いに役立ちます。誰が失敗したとか, 間違ったとかを意識せずに, その効果をあげてください。それには, 留意点で述べたように, はじめはだれにでもできるように, ゆっくりいうことが大切です。

いすとりスキップ* 〈室内ゲーム〉

椅子を外向きにして円形に並べ, 子どもたちは腰かけます。

マーチがはじまったら, 子どもたちは, いっせいに立ちあがり, 椅子のまわりをスキップで回ります。スキップができない時は単に歩きます。マーチがとまったら, すばやく椅子に腰かけます。椅子は, どの椅子でもかまいません。

はじめのうちは, 椅子は人数分とし, 早く腰かけることを競争させて, このゲームの楽しさを十分に味わわせてください。

その後に, 椅子を1回に2～3脚ずつ減らします。椅子に腰かけられなかった子は抜けて応援しましょう。だれが最後まで残るかくりかえしてやってみます。4歳児では, 勝者を1人だけでなく, 2～3人にするのが良いでしょう。

●4歳児●2学期●集会ゲーム

26 トントントン

≪準　備≫
　なし

≪遊び方≫
　片手の人差指で、鼻のあたまをトントンと2回、かるくゆっくりたたきます。そして次のトンでは、鼻以外のところ、たとえば、ほっぺとか耳とか、肩とかを指先で差します。その時、指先を静止させます。
　このように、トントントンといいながら、はじめのトンと次のトンは、いつも鼻のあたま、3回目のトンを変化させて遊びましょう。
　なれてきたら、だんだん早くやってみましょう。

≪留意点≫
　もっとも単純で、もっとも短いゲームあそびといえるでしょう。このような手あそびは、どこでも、いつでも使うことができます。しかし、長い時間にわたって指導するほどの内容はありません。その特徴を生かすようにしましょう。ただし、≪展開≫で述べるような、変化を求めることは容易なので、子どもとともに大いに工夫してみましょう。

≪教育効果≫
1. 短時間で、子どもの気持ちを統合させることができます。まったく練習も説明もいりません。
2. 単純なものだけに、いろいろ工夫して創造性を発揮することができるでしょう。

≪展　開≫
　トントントンの3回目の指差すところを、顔だけでなく体中どこでも差してみましょう。
　また、はじめのトントンを鼻の頭に限定し

🌸 4歳児のゲーム遊び

ないで、ほっぺにするとかあごを示すとか、自由に変化させてみましょう。ただし、この展開は十分に原形を楽しんだ後の別の日にした方が、4歳児の子どもたちには混乱がないでしょう。

さらに、3回目のトンを、体以外の物、たとえば電球とか、窓とか、空とか、を指差すように変化させることもできます。この場合は「トントンまーど」「トントンそーら」等といいましょう。

大きなくりの木のしたで* 〈集会ゲーム〉

代表的な歌あそびの1つです。保育者は、この歌の良さを、しっかり味わって、まず楽しくうたう指導をしてください。はじめは、幼児には、歌を楽しませることが大切です。この遊びは歌の楽しさをわからせないと失敗します。十分にうたってから、次の日にでも動作をつけて遊ぶ方が賢明です。

おおきなくりの──両手を前に出して、円を作り、大きな木を現します。
きの　　　　　──両手を頭にのせます。
した　　　　　──両手を肩に。
で　　　　　　──両手をおろします。
あなたと　　　──前にいる人を指さす感じ。
わたし　　　　──自分を指さします。
なかよく、あそびましょう──両手を片方ずつ胸に当てて交叉させます。
おおきなくりのきのしたで──始めの動作をくりかえします。

67

●4歳児●2学期●室内ゲーム

27 動物たたき

≪準　備≫
　暗幕1枚。紙をまるめた長い筒。

≪遊び方≫
　「こいぬとか，こねことか，うさぎとか，かわいい動物になってあるきましょう」
　数人を選んでやらせます。
　「先生が，おおかみになって，うわーとでてきますから，みんなは，いそいで，この暗幕の中にかくれてください。下に入ったら，じっと動かないようにしないと，おおかみに見つかってしまいますよ」とやってみます。
　「かわいい動物たちは，どこへかくれたのかな。この幕の中かな。うごけば，すぐにわかるのだがな」——そして，おおかみは長い紙の筒を持ってきます。中の子が動くと，先生は，幕の上から，動いた子を筒でたたきます。たたかれた子は外にでなければなりません。だれが最後まで残るでしょうか。（次には子どもがおおかみになります）

≪留意点≫
　幕の大きさによって，人数をきめます。完全に皆が幕の下にかくれるようにしましょう。幕が小さいと，誰が動いたか，はっきりしない場合があります。大き目の幕を使いましょう。
　紙の筒は，やわらかい紙を使い，おおかみになった子が思いきりたたいても，痛くないものにしましょう。
　指導は≪遊び方≫で述べたように，自由表現，ごっこあそび，ゲームあそびの3段階をまとめて説明するのではなく，子どもに活動させながら，次々に納得させていくのが，幼

4歳児のゲーム遊び

児のゲーム指導のポイントです。

このように内容に変化のあるゲームを指導する場合は，時間を30分〜60分と，たっぷり計画しておきましょう。

≪教育効果≫
1. ドラマ性のあるごっこあそびゲームです。まず，自由表現があり，ごっこあそびがあり，最後にゲームに変化します。これは，ゲームの中の一つの形で，いろいろの要素を経験させることができます。
2. 幕の中で，じっと息をこらして集中する持続力が養われます。
3. ゲームの中には，する側の楽しさと，見る側の楽しさとがありますが，このゲームには，見る側の楽しさもあり，見る態度は原則的には，楽しいものを見る中で身につけるのが自然な姿であります。

● 4歳児 ● 2学期 ● 室内ゲーム

28 のばそう，でるかな

♩= 108　　　　　　　　　　　　　　　　　　　　　豊田君夫　作詞・作曲

のばそう　のばそう　ゆるやかに

でるかな　でるかな　よくみましょう

<準　備>

　30〜40mの長いひも（無ければ短いひもをつないで長くする）に，赤，青，黄，緑等の色を順序不同にところどころにつけます。（色紙を貼りつけるか，カラービニールテープを巻きつける）

<遊び方>

　子どもたちを半円形に並べます。はじめに，「のばそう，でるかな」の歌を，みんなでうたいましょう。

　「この箱（または袋）の中に，長い長いひもが入っています。少しだけ出してみますよ」と，ひもの一端を持って，ゆっくり引き上げるように出します。そして，はじめての色印を出します。

　「ここに青色がでてきましたね。そしたらはやく"あお！"というのです。次々に，いろいろな色が出てきますから，色の名前をいってください」と，ひもをゆっくり引き出します。

<留意点>

　ひもがなめらかに出るようにテストしておきましょう。箱が大きすぎて，ひもが上に出る前に，次の色がわかってしまわないように配慮しましょう。また，袋の場合は，袋の中が子どもの方から見えないようにしておきます。

　ある色が出て，子どもたちが，色の名前をいった後は，歌ははじめからうたい直します。色をつける間隔は，長い所があったり，短い所があったり変化をつけます。色の順序も同じ色が続いて出てきたり，また，赤と青がす

4歳児のゲーム遊び

ぐ接近して出るようにするなど工夫しましょう。

≪教育効果≫
1. 色を識別し，色の名称を確認する効果があります。
2. ひもに注意力を集中し，反射神経を養うことにも役立ちます。

≪展　開≫
　クラスカラーがあれば，それを利用したり，グループ毎に色を決めたりして，（この場合，そのグループの前に色旗を立てたり，大きな色紙を置いたりします）ひもに出てくる色を見て，そのグループが，椅子から立って「やったー」といわせたりする方法もあります。

● 4歳児 ● 2学期 ● 室外ゲーム

29 ねむいおおかみ

≪準 備≫
　園庭の中央に2m位の円を描き，その真中に椅子を1つ置きます。

≪遊び方≫
　「先生が，おおかみになりますよ」と，おおかみの自由表現をしながら，庭の中央に進みます。
　「ああ，おいしいごちそうをたくさん食べてきたので，おかながいっぱいになって，ねむくなってきた。ちょうどいい。ここに椅子がおいてある。ここで，ひるねをしよう」といって，いねむりをはじめます。
　すると子どもたちが，おおかみの側に集まってきて，「わっ」とおどかしたり，いろいろのことをいってさわいで，おおかみのひるねのじゃまをするのです。その時，椅子のまわりの円から中に入ってはいけません。
　「うるさい！　子どもたち，しずかにしておくれ，わしは，いま，ひるねをするところなんだ，な，しずかにしてくれ」とおおかみがたのめばたのむほど，子どもたちは反対にふざけて大騒ぎをします。おおかみは，がまんできなくなって，「よーし，つかまえるぞ」といって立ちあがって子どもたちを追いかけます。すると子どもたちは，いっせいに逃げていってしまいます。
　「子どもたちがいなくなったら，しずかになった。どれ，はやくねてしまおう」と椅子に腰かけて，ねようとすると，また子どもたちが出てきて，うるさくします。何回かくり返すうちに，子どもの1人が，おおかみに捕まり，おおかみを交替します。

4歳児のゲーム遊び

≪留意点≫

　はじめに先生が，おおかみになり，とても強そうな表情と，そして，ねむいのに，ねむらせてもらえない困った表現を，ややオーバーにやってみてください。この楽しさが，この遊びを展開するために必要です。

　子どもたちは，円の中に入らないことが約束ごとですから，これを守らせるようにしましょう。

　何回か，くりかえして遊びの楽しさが，わかってから，先生は「次につかまえた子はおおかみになることにします」という方が，遊びを楽しくさせるでしょう。

≪教育効果≫

1．一般的に強い，ときには悪いと思われることの多いおおかみに対して，みんなで言いたいことを言って困らせるということは，子どもにとってやってみたいことのひとつでしょう。そこで子どもたちは，おおかみに対して大いに活発な表現ができるでしょう。遊びの形を通して自己主張に似た要素が高められます。

2．このおにごっこは，以上のような展開の中での追いかけっこであって，内容のふくらみを感じながら，体を動かすところに意味があります。

●4歳児●2学期●室外ゲーム

30 おててつないで

≪準　備≫
　なし

≪遊び方≫
　広い広いところであそびましょう。
　「みんなが横に手をつないで1列になったらどんなに長くなると思いますか。やってみましょう」と，次々に手をつないで長くなります。
　「ずいぶん長いですね。それでは，みんないっしょに5つだけ歩いてみましょう」と歩きます。
　「うまく歩けましたね。それでは，みんなで歌をうたいながら，元気に歩いてみましょう」と，みんなの知っている歌をうたいながら元気に歩きます。そして歌が終わったところで止まります。
　「ずいぶん進んできましたね。では，先生が，笛を吹いたら，もとのところまで，かけて帰ることにしましょう。それでは，みんな，手を離してください」といってから，笛を吹きます。

≪留意点≫
　全員で手をつなぐということは4歳児には，なかなかむずかしいですが，時間をかけてもやらせてみましょう。思わぬ長さになるものです。
　1列に並んだまま歩くということは，たいへんにむずかしいことです。したがって，列が乱れたり，手が離れたりしますが，あまり厳格にしないで，みんなで歩くということに重点をおきましょう。園外保育等で広い野原へ行った時に，指導してみてはどうでしょうか。
　広い場所では，うたいながら，どこまでも行くような気持ちで前進させましょう。そして，十分長い距離を走って戻らせましょう。

≪教育効果≫
1．全員が1列になって歌に合わせて進むということの中で集団の意識が高まるでしょう。また，手をつないで歩くということは，意外に協調性が必要なものです。そのため，4歳児では，まだ，うまく歩けない面がありますが，その訓練になるでしょう。
2．走り戻る場面は，そろそろ，競争性も発達してくる頃ですから，一生けんめいに走ることでしょう。

※ 4歳児のゲーム遊び

≪展　開≫
　全員を2組に分けてやってみましょう。この場合，2組が横に一線上に並ぶ方法と2組が背中合わせに並び，しだいに歩いて離れていく方法があります。さらに，相当の間隔を置いて向かい合って並ぶ方法もあります。

はないちもんめ＊〈室外ゲーム〉

- ○ふるさともとめて　はないちもんめ
- 　（かってうれしい　はないちもんめ）
- ●ふるさともとめて　はないちもんめ
- 　（まけてくやしい　はないちもんめ）
- ○となりのおばさん　ちょっときておくれ
- ●おにがこわくて　いかれない
- ○おかまかぶって　ちょっときておくれ
- ●おかまがそこぬけ　いかれない
- ○ふとんかぶって　ちょっときておくれ
- ●ふとんびりびり　いかれない
- ○あのこがほしい
- ●あのこじゃわからん
- ○このこがほしい
- ●このこじゃわからん
- ○そうだんしよう
- ●そうしよう
- 　（きーまった）
- ○○○ちゃんがほしい
- ●△△ちゃんがほしい

　全員が2組に分かれて手をつなぎ，向かい合って並びます。そして，2組は交互に掛け合いでうたいます。自分たちがうたう時は前進し，相手の組がうたう時は，うしろにさがります。
　指名された○○ちゃんと△△ちゃんは，中央に出て，ジャンケンをします。負けた子は相手の組に入ります。このようにしてくりかえして遊びます。
　はじめのうちは保育者が先立ってうたいますが，数回うたううちに，子どもたちは言葉を覚えて元気にうたい出します。そして，やがて子どもだけで遊べるようになるでしょう。

●4歳児●3学期●集会ゲーム

31 ポン，どっち

≪準　備≫
　わた，またはウレタン等のやわらかいもので3cmくらいの玉をひとつつくります。

≪遊び方≫
　わたの玉を片方の手の指の間にはさんで落ちないようにしたまま，「ポンポン」といいながら2回手をたたきます。そして，次に，「ハイ」といいながら両手のひらを子どもたちの方へ向けて開きます。この時，どちらかの手の指の間にあるわたの玉が，子どもたちにはっきり見えるようにします。

　これを何回かくりかえします。そして，両手のひらを子どもたちに見せる時，わたの玉が左の手にあったのなら，次には右の手の指の間に移しかえます。そのため，「ポンポンハイ」は，あまり早くなくいいましょう。

　そして最後には，両手をにぎりこぶしにして，子どもたちの前へ出します。その時，わたの玉が，どちらの手の中に入っているかを，子どもたちに当てさせます。

≪留意点≫
　わたの玉を，左右の手に持ちかえる練習をしておきましょう。

　そうするのに具合のいい大きさに，わたの玉を作っておきます。とくに，最後の手をにぎって出すところは練習を積んで，うまくやってください。

　子どもに当てさせる時は，わかりやすく片手をあげさせます。その時，向かい合っている側の手，つまり，先生の左手に入っていると思う子は，そちらの側の手，つまり子どもの右手をあげさせましょう。そのため，「こち

4歳児のゲーム遊び

「さあどっちかなー」
「こちら側の手」

ら側の手」という言葉をつかって，1回だけ練習してみましょう。

≪教育効果≫

1. あてっこ遊びは，多くの場合，注意力と偶然性とによるものです。この場合も注意力を養うことに役立ちます。そのため時には，わざと，子どもにわからせるようにする場合もあります。
2. 自分の注意力と勘とによって，当たった時の成功感は，大変快いものです。

≪展　開≫

子どもたちを2グループに分けて，どっちの組が，より多く当たったかを競争させる方法もあります。

とんだとんだ* 〈集会ゲーム〉

先生が元気な声で歌うように「とーんだ，とんだ」といいます。

すると子どもたちは，元気に，歌うように「なーにがとんだ」といいます。

先生が「すずめがとんだ」といいます。

先生ははじめから終わりまで，両手を羽のようにして，とぶまねをします。子どもたちも同じように先生のまねをして，両手で，とぶ動作をくりかえします。

ただし，「すずめがとんだ」とか「からすがとんだ」とか「ひこうきがとんだ」とか，空をとぶものの時は，先生と同じ動作をしますが，もし「石がとんだ」とか「ピアノがとんだ」とか，とばないものを先生がいった時は，子どもたちは先生につられないで，両手を下におろします。さて，まちがわないでできるでしょうか。（もしまちがっても，誰々がまちがった等といわないで，楽しく遊ぶことを大切に考えましょう。）

●4歳児●3学期●集会ゲーム

32 ゴムふうせん

<準　備>
　なし

<遊び方>
　「ゴムふうせんを知っていますね。では先生がゴムふうせんをふくらませるまねをしてみます」とやってみせます。片手で，ゴムふうせんの口を持ってくわえるようにして，別の手を握って，ゴムふうせんに見立てます。ふー，ふーと息を吹き入れるごとに，握った手を，だんだんふくらむように大きくひろげていきます。そして，途中から，両手で，ゴムふうせんの形をつくって，ますます大きくふくらませていきます。
　「さあ，こんなに大きくなりました。もっともっと息を吹きこんでいったら，ゴムふうせんはどうなるでしょうか。そうです。われてしまいますね。では，ゴムふうせんが，われるまで，やってみますよ」と，また息を吹きます。両手のゴムふうせんは，ますます大きくなって，ついに「パン」と大きな音ではれつしました。
　「では，みんなも，先生といっしょに，やってみてくださいね」と，やってみます。

4歳児のゲーム遊び

≪留意点≫

　指導する前に，鏡の前でやってみてはどうでしょうか。ゴムふうせんを，ほんとうにふくらませているような感じをだすようにしましょう。こうしたことは，大変に楽しいことです。先生も子どもも，いっしょに楽しむためには，まず先生が演技すること，表現することの楽しさを知りましょう。幼児には，ほんとうにゴムふうせんがわれるのはこわいでしょうが，演技では，だれでも楽しめるでしょう。

≪教育効果≫

1. 手をゴムふうせんに見立てる想像力の遊びです。それが，本当のようにふくらみ，そして，ついに「パン」とわれてしまいます。そこに楽しい快感が残ります。一生けんめいに，ふくらませましょう。
2. そう思い，それになり切って表現する楽しさを経験しましょう。こうした感覚やごっこあそびが，やがて，劇あそびに発展することでしょう。

≪展　開≫

　全員がいっしょにするのも楽しいですが，数人を前に出して，やってもらい，他の子には，それを見せるのも一法です。

●4歳児●3学期●室内ゲーム

33 どこでもつけろ

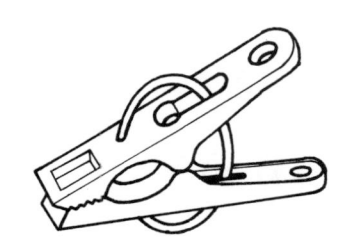

≪準 備≫

　せんたくばさみ多数。ただし色別に同数とします。

　せんたくばさみの色数と同数の椅子を前方に等間隔に並べます。

≪遊び方≫

　子どもたちを3グループか4グループに分け（せんたくばさみの色の種類と同数にする），それぞれがどの色のグループかをきめます。

　各グループから1人ずつを選んで，前方の椅子に腰かけさせます。椅子の手前の方に，何色かのせんたくばさみを混ぜて，やや広げて床の上に置きます。

　「よーい，ドン」の合図で，全員が出ていき，自分のグループの色のせんたくばさみを1こだけひろって，自分のグループから選ばれた子の所へいき，どこでもいいからせんたくばさみをつけます。1回に1こずつひろって，早く自分のグループの色のせんたくばさみを全部つけ終わった組が勝ちになります。

　ただし，自分のグループの色でないせんたくばさみをつけてはいけません。

≪留意点≫

　せんたくばさみが少ないときは人数を半数ずつにしてやらせましょう。

　せんたくばさみは，どこにつけてもよいのですが，痛くしないようにさせましょう。

　なるべく美的で，危険性のないものを使用しましょう。

≪教育効果≫

1．ふだんは教材でない，せんたくばさみを

4歳児のゲーム遊び

使うことで，幼児にふさわしい創造的発想を経験させます。
2. ただせんたくばさみをつけるだけですが，つけていくに従って，新しい姿になっていく造形的楽しさがあります。
3. みんなで協力してつくるということが遊びながら経験できます。

≪展　開≫
　子ども以外の室内の何か，何でもよいからつけてみてはどうでしょうか。このときは，1人または2人ずつ，立っていって思い思いの所へつけます。そして，その変化を楽しみましょう。

番犬ゲーム* 〈室内ゲーム〉

　1人のおにが中央に出てきて，両手で目をかくしてしゃがみます。そのすぐうしろに，簡易楽器の鈴を置きます。
　「よーい，はじめ」で，もう1人の子が，静かに歩いて鈴の所へきます。そして，音を出さないように，そーっと鈴を持ち上げて，一定の所まで帰ってきたら，成功です。おには，もう1度やらなければなりません。
　でも，もし，鈴を持ち上げる時に，少しでも音がしたら，おには「ワン」と元気にいいます。そして交替しましょう。このゲームでは，見ている子も，音を立てないように静かにしていることが必要です。そして成功したら，みんなで「おねぼうさん」ということにしましょう。
　鈴の音が，あまり出やすくても，また出にくくても興味がわきませんから，事前にテストをしておきましょう。

●4歳児●3学期●室内ゲーム

34 ジャンケンあつめ

≪準　備≫
　5×10cmくらいの紙を人数分。

≪遊び方≫
　用意した紙を全員に1枚ずつくばります。子どもたちは，先生のタンバリンに合わせて，自由隊形で室内を歩きます。「歩く時には，あまり近づかないで，部屋中を広く歩きましょう」
　「タンバリンの音が大きくなったら，歩くのをやめます。そして，自分のすぐ近くにいる人と2人でジャンケンをしましょう。そして，ジャンケンに勝ったら，相手の紙をもらいます。負けた子は，わきに抜けて，おともだちを応援してください」
　このようにして，ジャンケンをくりかえします。2回目に勝つと紙は4枚になります。人数は，だんだん少なくなり，最後まで残った人は，全員の紙を持って優勝です。

≪留意点≫
　ジャンケンはゲームの中には，ずいぶん使われます。勝ち負けが，はっきりして，順番や，組分けをする上でも，大変に有効です。ただし，あまりジャンケンを多用しすぎますと，ジャンケンに弱い子は，興味がわかなくなります。
　一斉指導の中で，ジャンケンを使う場合には，全員がジャンケンを理解しているかどうかをチェックする必要があります。4歳児の3学期になれば，ほとんどわかっている段階ですが，念のため，事前に，ジャンケンだけやらせてみましょう。
　また，ジャンケンをする時，1人だけ相手

4歳児のゲーム遊び

がいない子が出る場合がありますが、こうした時には、3人でジャンケンをする習慣にしておきましょう。

　最後までやって1人の優勝者を出す場合と2～3人の勝者を残して終わらせる方法がありますが、4歳児では、なるべく多くの勝者を残すのが良いかもしれません。

　こうしたゲームでは、最初に負けた子を応援者にさせたり、判定員にさせたりして参加意識を失わせないことが大切です。

＜教育効果＞

1. この頃になると、競争意識が強くなり、はっきり勝つことへの意欲が出てきます。とくにジャンケンの中には偶然性も含まれているので、勝敗のはっきりするゲームも有効になり、遊びの質をたかめることができます。
2. 最初に負けてしまったからといって、遊びの外に出てしまうのではなく、残っている子の1人を応援して参加するという意識は、遊びの中での大切な態度を身につけることになります。

＜展　開＞

　1人に紙を2枚ずつ持たせればジャンケンではじめに負けても残ることができます。

●4歳児●3学期●室外ゲーム

35 パン，ピー

<準　備>
タンバリンと笛（または，それにかわるもの）。

<遊び方>
「みんなで庭をかけまわりましょう」といって，子どもたちといっしょに庭中をぐるぐると自由隊形でかけまわりましょう。

「では，かけまわっているうちに，先生がタンバリンを"パン"と打ちます。そうしたら，先生がおになって，つかまえますから，みんなはつかまらないようににげてください」といってやってみます。

「それでは，みんなで，かけまわっているうちに，笛をピーと吹いた時には，先生が，にげますから，みんなで，先生を追いかけてください」とやってみます。

<留意点>
走る時に音楽をかけるのも良いでしょう。タンバリンが持ちにくければ，笛を1回吹いた時は先生がおに，2回続けて吹いた時は，子どもがおにときめてもよいでしょう。

こうした室外ゲームをする際に，改めて，庭を点検したり，石をひろったりするのも有意義です。

4歳児のゲーム遊び

≪教育効果≫

1. 3歳児からの「走る」運動あそびの一環ですから、大いに走りまわって、さらに走る楽しさを経験させましょう。
2. おにごっこにより、「走る」ことに変化を持たせ、内容のあるものにさせます。しかも先生が、おにになったり、子どもがおにになったりするゲーム的な楽しさが経験できます。

≪展　開≫

　タンバリンをならして、先生がおにになり追いかけている途中で、笛を吹くと、おにの立場が変わって、いっそう効果的です。ただし、あまり短く変化させすぎますと、4歳児では本来のおにごっこの興味が薄らぐ危険がありますから注意しましょう。

　また、先生と子どもで遊んだ後に、2組に分けて、タンバリンはAグループのおに、笛はBグループのおにとして遊ぶ方法もあります。この場合、AグループとBグループとがはっきり区別できるよう、片方の組に帽子をかぶせるなどの配慮をしましょう。

●4歳児●3学期●室外ゲーム

36 まてまてボール

<準 備>
ボール2～3こ。
スタートラインを引いておきます。

<遊び方>
みんながスタートラインに並びます。はじめに先生が1このボールをけります。そして1人の子どもを指名して、「かけていって、あのボールをひろってきてください」といって、やらせます。

次にボールを2こけります。そして2人の子どもを指名して「かけていってボールをひろってきてください」といいます。

次には「先生がボールをけりますから、みんなは、いっせいにかけていって、ボールをひろってきてください。だれかがボールを手に持ったら、もうボールを取ってはいけませんよ」とやってみます。そして、次には、ボールをひろってきた子にけらせて、くりかえして遊びましょう。

<留意点>
子どもがボールをけるところは、スタートラインより少し前に小さい円を描いておき、その中から、とします。ボールをけった子は、その回はボールを取りにいかないことにしましょう。

また、人数が多い時は、ボールの数を多くします。庭が狭い時は、半数ずつ交替でやらせましょう。待っている人は応援するように

あぶくたった* 〈室外ゲーム〉

あぶくたった にえたった, にえたかどうだか, たべてみよう
むしゃむしゃむしゃ, まだ にえない。(もう にえた)
(くりかえす)
戸だなにしまっておきましょう——そうしましょう
おふろにいきましょう　　　——そうしましょう
じゃぶじゃぶじゃぶ, じゃぶじゃぶじゃぶ
ああ　おなかがすいた, あずきをたべましょう——そうしましょう
ああ　くさっているから　すてましょう——そうしましょう
もう　ねましょう　　　　　——そうしましょう
おに・トントントン　　　　みんな・なんのおと

4歳児のゲーム遊び

します。

≪教育効果≫
1. 走る，ボールをける，ボールを持つ等という運動の基本が含まれています。
2. この頃には体を使っての競争ゲームも必要になり，競争心を高めるでしょう。

≪展　開≫
　ボールをひろってきた子が，次にボールをけりますが，けった子は，次々に抜けていくようにすると，足の遅い子でも，最後には全員がボールに接することができます。この場合も，抜けた子たちは応援をしましょう。

おに・かぜのおと	みんな・ああ　よかった
おに・トントントン	みんな・なんのおと
おに・きのえだのおと	みんな・ああ　よかった
（いろいろ，自由にいう）	
おに・トントントン	みんな・なんのおと
おに・おばけのおと	みんな・キャーッ（といって，ここからおにごっこがはじまる）

　楽しい歌あそびです。ストーリーがあって劇あそび的でもあります。そして最後には，おにごっこに発展します。大変にすぐれたあそびということができます。とくに，言葉の内容を，子どもたちの考えで変えることができるところを十分に生かしたいものです。

ゲーム遊びの9類型

1. **とらえる**（とらえる，つかまえるという種類）
   おにごっこ，ロンドン橋，指ずもうなど
2. **と　　る**（とるという種類）
   手拭いとり，かるた，花いちもんめ，陣とりなど
3. **あ て る**（あてる，命中する，入れるという種類）
   おはじき，はねつき，玉入れ，くじ，坊さん坊さんなど
4. **みつける**（みつける，さがす，気がつくという種類）
   かくれんぼ，宝さがし，番犬ゲーム，なぞなぞなど
5. **従　　う**（指示や合図に従う，まねるという種類）
   鼻々々，むすんでひらいて，ナンバーコール，笑いのハンカチなど
6. **移動する**（移動する，運ぶ，渡すという種類）
   かけっこ，玉ころがし，伝言ゲームなど
7. **持続する**（持続する，耐えるという種類）
   にらめっこ，平均破り，がまんくらべなど
8. **変化する**（変化する，増減するという種類）
   鈴割り，すいか割り，仮装あそびなど
9. **表現する**（表現する，創作するという種類）
   早口言葉，表現を競うものなど

　ゲーム遊びの9類型は，保育者がとり上げようとするゲーム遊びの内容の片寄りをチェックする時や，ゲーム遊びを創作する時に，また，遊びの研究の上にも役立てることができよう。
　上の9類型は，著者が分類したものであるが，さらに，整理して，いくつかにまとめることができるのではなかろうか。また，複合類型についても研究中である。

5歳児のゲーム遊び

●5歳児●1学期●集会ゲーム

37 コッポラ，グリッコ

図①

≪準備≫
　な　し

≪遊び方≫
　手首を曲げてあひるのようなかたちをつくります。そして，動かす時は，あひるが物を突っつく時のように，手首を前後に動かします。

　「あるところに，コッポラという名前の人がいました。この人は，コッポラ，コッポラ，コッポラ，といいながら歩きます」といってから，手首をまげて図①のような形にし，コッポラ，コッポラ……といいながら，手首を動かしながら，右手を自分の体の前を，右の方から左の方へ歩くような感じで動かします。

　次に左手も同じようにして左の方から右の方へ動かします。この時は，「グリッコ，グリッコ，グリッコ」といいます。

　「では，みんなも，先生といっしょにやってみましょう」と，コッポラとグリッコを交互にくりかえしてやってみます。

　「さて，ある日のこと，コッポラさんとグリッコさんが道でであって，けんかがはじまりました」と，コッポラとグリッコの動作を交互に，しかも，だんだんにくりかえしを早く短くしていきます。左手と右手を交互にすばやく出しますが，ついに2人は（両方の手が）ぶつかり合ってけんかになります。

　「さて，どちらが勝ったのでしょうか」という当てっこゲームです。両手のけんかが終わった時は，図②のようになっていて，子どもたちからは親指が見えないようにしておきま

5歳児のゲーム遊び

図②

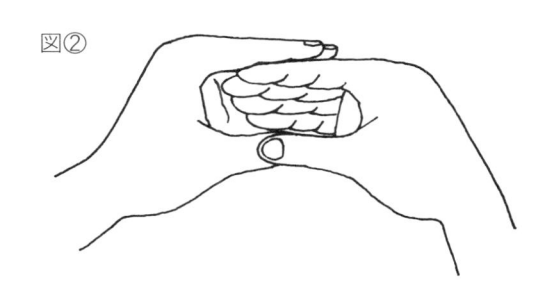

す。そして、コッポラが勝ったと思う人は、コッポラの方の手、グリッコが勝ったと思う人は、グリッコの方の手をあげさせます。みんなに手をあげさせてから両手を開くようにして重なっている親指を見せます。この時、上になっている親指の方が勝ちになります。

≪留意点≫

とにかく、楽しく指導してください。コッポラとグリッコの動作を楽しくくりかえすことにより、この架空のけんかも認められることになります。

けんかの場面は、両手を、めちゃめちゃにからみ合わせる感じを出し、言葉も例えば「べちゃべちゃ、ばらばら、がらがら、ぐりぐら」等と、わけのわからないことを早口でいいましょう。

≪教育効果≫

1．楽しい表現のある手あそびに当てっこ遊びを合わせたものです。こうした楽しさがすべてのゲームの基底にあるようにしたいものです。
2．動の後に静があり、子どもの気持ちを満足させる内容があります。

● 5歳児 ● 1学期 ● 集会ゲーム

38 ハイ，イハ，ドン

≪準　備≫
　なし

≪遊び方≫
　両手をにぎりこぶしにして，上下に重ねましょう。そして先生が"ハイ"といったら，下のこぶしを動かして，上のこぶしの上にのせます。そして，"ハイ，ハイ"というごとに，下のこぶしを上にのせていきます。その時，上になっているこぶしの位置は動かさないようにしますから，手がしだいに上にあがっていきます。
　反対に手を下にさげる時には，ハイの反対で"イハ"といいます。"イハ，イハ"とつづけていっていれば，手は下へ下へとさがっていきます。
　そこで，"ハイ，ハイ，イハ，ハイ，イハ"等といえば，手は上がったり下がったりすることになります。そして最後に先生が"ドン"といったら，両手をすばやく頭の上にのせます。

≪留意点≫
　「ハイ」と「イハ」の手の動かし方を理解するまで，はじめは，テンポをゆっくりいい，わかってきたらしだいに早くします。

≪教育効果≫
1．手の反射神経運動をたかめます。
2．5歳児になったので，簡単なルールでもきちんと守るようにします。

5歳児のゲーム遊び

≪展　開≫

　2人1組になってするハイ，イハ，ドンのゲームを紹介しておきましょう。少し幼児にはむずかしいのですが，15年前に考案した時の原形は2人組だったのです。

　2人が向かい合い，にぎりこぶしを交互に重ねましょう。"ハイ"の時は，一番下にあるこぶしを動かして，一番上にのせます。(この時，他の3つのこぶしは動かしません）また"イハ"の時は，一番上のにぎりこぶしを動かして一番下につけます。(この時も他の3つのこぶしは動かしません）

　このように"ハイ"または"イハ"という先生の指示に従って，まちがわないように手を動かします。そして，"ドン"といった時には，二人とも下にある自分のこぶしを開いて，一番上のこぶしの上に伏せます。どちらの手が早いかで勝負をきめます。(この時，自分の上の手のこぶしは，お互に動かさないようにします）

　この指導の場合も，はじめは"ハイ""イハ"をゆっくりいうことが大切です。

●5歳児●1学期●集会ゲーム

39 まだまだ，もうすぐ，やったー

≪準 備≫
新聞紙（または，それにかわるもの）。

≪遊び方≫
「ゆっくり新聞紙を破ってみますよ」といって，破りはじめます。だんだんに破られていきますが，まだまだ2つになりません。もっと破っていきますと，もうすぐ，もうすぐ，2つになります。そして，新聞紙が2つになりました。

「もういちどやってみますから，みんなは，先生が破りはじめたら，"まだまだ，まだまだ……"といってください。そして，もうすぐ2つになりそうになったら，"もうすぐ，もうすぐ……"といってください。そして最後に2つになったら"やったー"と大きな声でいってください」

≪留意点≫
新聞紙が子どもたち全員からよく見えるようにしてください。最後の紙が2つになる時は，少し強く両手を左右に引いて，その瞬間をはっきりさせると，「やったー」がいいやすくなります。

くりかえす時には2つになった新聞紙の片方を使うと，紙が半分になった分だけ，紙の様子が変化します。新聞紙がだんだん細くなっていくほど破れ方に変化が出て興味がわきます。

≪教育効果≫
1.「まだまだ」「もうすぐ」「やったー」は，ただそういうだけではなく，新聞紙が破れていく様子を見ている実感が，こめられます。ほかにも，そうした表現を工夫させま

🍀 5歳児のゲーム遊び

しょう。
2．集中性をたかめます。
＜展　開＞
　2冊の本を重ねておき、それをゆっくり、左右に動かしていくと、やがて、2冊の間が離れます。
　これに「まだまだ」「もうすぐ」「やったー」を転用することができます。本が離れた瞬間が「やったー」になります。
　同じ方法で、本のかわりに、両手を使って代用できます。この方法では、いったん「もうすぐ、もうすぐ」の状態になったのを、再び「まだまだ」の状態に戻すことができる変化の楽しさがあります。

ロンドン橋おちた* 〈室外ゲーム〉

　　　　　ロンドンばし　おちた　おちた　おちた
　　　　　ロンドンばし　おちた　さあ　どうしましょう

　円形に並んで"ロンドンばしおちた"をうたいながら行進します。2人の子どもが向かい合って両手を組み、その両手を高くあげ、円形に並んだ、子どもたちは、その下をくぐりぬけていきます。そして歌が終わった時、両手をおろして、1人の子を両手の間に入れます。その子は列から抜けて、次に両手の間に入った子と組んで、2つ目の橋をつくります。

このようにして、橋は次々にふえていきます。
　以上の歌と遊び方は、現在、保育の現場でよく見られるものです。ところで、原形は、歌詞が何番もあって大変に長く、ロンドン橋も1つだけで最後まで遊びますから、大変に長い時間がかかります。しかも、全員が終わった後に、2組に分かれて、グループ対抗のゲームが展開されるのです。

95

● 5歳児 ● 1学期 ● 室内ゲーム

40 ラッセラ

楽譜: 2/4 ♩♪♪ ｙ｜♩♪♪ ｙ｜♩♪♩♪｜♩♪♪ ｙ‖
ラッセ ラ　　ラッセ ラ　　ラッセ ラッセ　ラッセ ラ

≪準備≫
　なし

≪遊び方≫
　真夏の夜を彩る青森のねぶた祭は豪快で熱狂的であります。男女の青年たちが冠花笠をかぶって踊りはねる姿は，厳しく長い北国の冬を耐え抜くエネルギーの源泉のようにも思われます。

　その時の掛け声が「ラッセラ，ラッセラ，ラッセ，ラッセ，ラッセラ」であります。その様子は，踊るというより，はね上がるのです。右足で大地をけってとび上がり，おりる時は左足だけで立ちます。次に，その左足でけって，とび上がり，おりる時には右足だけで立ちます。このように交互に足を地につけて，とびながら前進します。何百人という人たちが，そのようにして，次々に繰り出すねぶたとねぶたの間を踊りながら続きます。

　その掛け声と踊りをそのままにゲームにしてみました。言葉は「ラッセラ，ラッセラ，ラッセ，ラッセ，ラッセラ」です。片足を交互にとんで，最後に片足で立つ時に，そのまま動かないで，平均をとって，だれが一番長く片足で立っていられるか競争をしましょう。

5歳児のゲーム遊び

≪留意点≫

　「ラッセラ」の言葉だけ，先に練習してみましょう。元気よく，リズミカルに，楽しくやってみましょう。言葉がわかったら，それに合わせて，みんなで，とんでみましょう。思い切って高く，とびはねて遊びましょう。そして，その後にゲームに変化させましょう。

　あまり狭いところでなく，十分に活動させたいものです。

≪教育効果≫

1．とび上がる瞬発力，筋力を養います。
2．体全体を動かしてリズムを楽しみます。
3．平衡感覚と持久力を養います。

≪展　開≫

　「ラッセラ……」の掛け声と踊りを何回もくりかえしているうちに，笛がなったら片足で立つようにしてもよいでしょう。

　また，ゴムひもを水平に，平行に何本か張ります。高さは5cmと10cmとがあります。「ラッセラ」をいいながら，次々にゴムひもをとび越して進みます。ひもとひもとの間は20cmくらいにします。

● 5歳児 ● 1学期 ● 室内ゲーム

41 はなのかみ

≪準　備≫

　2cm×10cmくらいの紙を人数分用意します。（あまり厚くない紙）

≪遊び方≫

　用意した紙を1枚ずつ配り，紙の一端を水でぬらし，鼻の頭につけさせます。

　「みんな紙を鼻の頭につけましたね。もういちどよく上から押さえてください。先生が，"いち，にいの，さん"といったら，もう紙をさわってはいけませんよ」と話します。そして"いち，にいの，さん"といいます。

　「もう，紙に手をふれてはいけません。そして，先生のする通りに，まねをしてください。そして，途中で，紙の落ちた人は抜けてください。だれが最後まで残るかやってみましょう」とやってみます。先生は，何回かとび上がったり，ぐるぐる体をまわしたり，しゃがんだり，手をたたいたり，次々に，いろいろな動作をします。

≪留意点≫

　紙が厚すぎたり薄すぎたりしますと，早く落ちたり，反対になかなか落ちなかったりします。事前に，つけて実際にテストしておきましょう。

5歳児のゲーム遊び

　あまり狭くない所で遊びましょう。狭ければ半数ずつにしてみましょう。最後になって、どうしても落ちない子が数人いる場合には、円形になって、お互いの紙に息をふきかけ合ってみましょう。

　早く落ちてしまった子たちは、友だちの応援をするようにさせましょう。

≪教育効果≫
1. 鼻の紙をどうつけたら落ちにくいかを工夫させます。
2. 5歳児では競争心が盛んになりますから、公正で明確な判定が必要になります。このゲームでは、その点がはっきりしていますので、子どもたちはゲームに勝つ喜びと負ける口惜しさを感じとります。負けた子には、次の回には、大いにがんばるよう励ましましょう。

≪展　開≫
　先生の指示通りに動くことのかわりに、単に部屋の中をぐるぐると回る方法もあります。単純なようで、案外見ている側は楽しいものです。

　また、紙の色を2～3色に分けておき、グループ対抗にするのも楽しいでしょう。

●5歳児●1学期●室内ゲーム

42 まるかきゲーム

≪準 備≫

模造紙大の紙を2枚つなげておきます。

クレヨン（またはサインペン等）。

≪遊び方≫

子どもたちは円形に椅子をならべて腰かけます。その中央に，大きな紙をおきます。その横にクレヨンをおきます。「これから，1人ずつ順番に出てきて，クレヨンで，円を1つだけ描きましょう。円は大きくても，小さくてもよいから，自分の思いのままに描きましょう」と，次々に描かせていきます。

「あとから描く人は，前に描いてある円に重ならないように，空いているところへ描くことにしましょう」このようにして，次々に描いていきます。ひと回りしても，まだ描く所があれば，もっともっと順々に描き続けていきます。どんな模様ができるでしょうか。

≪留意点≫

円はなるべく丸く描くようにいいましょう。ただし，あまり厳しくすると，かえって描けなくなります。

でき上がったら，壁に貼り出してみましょう。

≪教育効果≫

1. 1つずつの円がたくさん集まったら，どんな模様になっていくのか。みんなで描きながらできていく様子を見て，協力して描いていく楽しさを経験します。

2. 大きい円や小さい円，クレヨンの各色等，その変化を比較しながら差異に気づきます。

3. 空いている所がだんだん無くなっていくが，それを見ながら，次に自分はどこへ描くかを考えたり工夫したりします。

5歳児のゲーム遊び

≪展開≫

　全員を，例えば，赤，青，黄の3組のグループに分け，各組から1人ずつ順次に描いていきます。その時，赤グループは，かならず赤色の円を描くようにすると，でき上がった時に，それぞれの組の描いた円がはっきりします。

　また，紙を2枚使う方法もあります。人数や時間によっては，円を2～3こずつ描かせてもよいでしょう。

おべんとうばこ* 〈室内ゲーム〉

言葉をリズミカルに楽しく発音しながら，両手を動かします。

これくらいのおべんとうばこに	——両手で空中に四角いお弁当箱の形を描く。（2回）
おむすびおむすびならべ	——おむすびを握り，両手でならべる動作をする。
しょうがきざんで	——両手をまないたとほうちように見たてて切る動作をする。
ごまふって	——ごまをふりかける動作をする。
にんじんさん，ごぼうさん	——リズミカルに指を2本（にんじん），3本（さん），5本（ごぼう），3本（さん）と出す。
あなのあいてるれんこんさん	——両手の親指と人さし指で丸を2つつくる。
すじのはいった	——左手を前にのばして，ふきに見たてる。右手を左手先から肩の方へ動かして筋を表現する。（2回）
ふーき	——両手を合わせた握りこぶしに強く息を吹きかけて開く。

●5歳児 ●1学期 ●室外ゲーム

43 おばけはだれだ

<準　備>
　人数分の封筒に紙を入れます。そのうち，2枚だけおにの顔の絵が描いてあります。
　スタートラインを引きます。

<遊び方>
　全員がスタートラインに並びます。そして，前方に，紙の入った封筒をばらばらにおきます。（あまり風が強い時は，石をのせるとか，棒の下にはさむとかしましょう）
　「よーい，ドン」で，いっせいに走っていって，封筒を1枚ずつひろって，中の紙を見ます。先生は，子どもたちが，スタートした直後から，大きな声で，数をかぞえはじめます。数は，ゆっくりかぞえます。そして，10になったら，封筒の中の紙におにの絵が描いてあった子ども2人がおにになり，他の子どもを追いかけて，おにごっこがはじまります。

<留意点>
　一度ひろった封筒は，とりかえることができません。また，先生が，10かぞえ終わるまでは，おにも，おにでない子も，動いてはいけません。そして，その時，だれが，おになのかわからない不安感が，この遊びの楽しさをひろげるでしょう。そのためにも，数は，ゆっくりかぞえるようにしましょう。
　次にくりかえす時のために，紙は封筒から出さないで入れたままにしておきます。

5歳児のゲーム遊び

≪教育効果≫

1. このゲームは，当てっこ遊びからはじまりますが，おにが当たるかどうかというスリルがあり，子どもたちは，はらはらするでしょう。
2. おにあそびは，ゲームあそび，体育ゲームの中で基本的で大切な遊びの1つです。体育的にも知能的にも大変有効です。（おにあそび（おにごっこ）については，110ページを参照のこと）

≪展　開≫

おにごっこになってからは，1人だけとらえたら終わりになる，一定の時間で終わる，ためおに形式をとるなど，いろいろの方法があります。

おにの数を，多くしてみたり，時には実験的に，おにを1人もつくらないようにしてみたら，果たしてどういうことになるでしょうか。

●5歳児 ●1学期 ●室外ゲーム

44 新聞突破

≪準　備≫

　新聞紙多数。

　スタートラインを引きます。

≪遊び方≫

　新聞紙を横長に広げ，垂直になるように，両側を2人で持ちます。この時，新聞紙がたるまないように左右に，引っぱるように持ちましょう。

　「さあ，1人ずつかけて行って，あの新聞紙を破って，かけぬけましょう」と，1人ずつ指名してやらせます。

　先生の合図でスタートラインから，思いきり走っていき，新聞紙を破って走りぬけます。

≪留意点≫

　手から紙が離れないように，しっかり持ちましょう。紙が破れたら，すぐに別の新聞紙に持ちかえましょう。そのために，新聞紙を広げて，側に積んでおきます。また破れた新聞紙を入れる箱を用意しておきます。

　高さは，子どもたちの顔から胸のあたりにしておきます。（4歳児や3歳児にする場合には，顔より下の高さが適当です）

　また，助走も十分できる広さ，とくに破ってからも，全速力で走りぬけていけるよう，前方が十分の広さになるような位置で新聞紙を持ちましょう。子どもに新聞紙を持たせる場合は途中で交替させます。人数が多い場合には，2組セットするなどします。

　どうしてもうまく破れない場合には，新聞紙の中央を，両手先をのばして，突き破るよう指導します。

5歳児のゲーム遊び

≪教育効果≫

1. 一瞬に新聞紙を破る爽快さは、心の解放、満足感につながります。走る喜びが、「やった」という達成感につながる特色のある遊びです。

2. 見ている子どももその瞬間に集中する効果があります。

≪展　開≫

　新聞紙を1枚だけでなく、2枚、3枚と並べ、次々に破っていく方法もあります。

くだものかご＊〈室内ゲーム〉

　椅子を円形に並べて全員が腰かけます。ただし、1人のおにだけは立っています。子どもたちの好きなくだものの名前を3～5種類選んできます。たとえば、バナナ、ミカン、パイナップル、サクランボときめます。そして、子どもたちを何のくだものにするか決めます。ある子どもをバナナとし、そのとなりの子はミカン、そのとなりはパイナップル、そのとなりはサクランボとします。

　そして、はっきりさせるため、「バナナの子は立ってください」といって誰がバナナであるかを自覚させます。同様に他のくだものの子も確かめます。

　全員で声をそろえて数を10かぞえます。そして、数え終わった時、おにには、くだものの名前をいいます。たとえば、ミカンといったら、ミカンの子は全員立って席を変えなければなりません。その時、おにには、すばやく腰かけますので、ミカンの子が1人だけ席がありません。その子が、次におにになります。このようにして、くりかえして遊びます。なれてきたら、「バナナ、サクランボ」というように2つのくだものを呼んだり、「くだものかご」といったりします。くだものかごの時は全員が席を変えることにします。

105

●5歳児 ●1学期 ●室外ゲーム

45 はこ積みゲーム

≪準　備≫

机3脚。

空き箱多数。

スタートラインを引き，前方に机を3脚，等間隔に横に並べ，中間点に空き箱を多数置いておく。（大きな箱に入れておいてもよい）

≪遊び方≫

全員を3組に分けて，各組1列になって，スタートラインに並びます。「よーい，ドン」で，各組とも先頭の子がスタートして，途中で空き箱を1こだけひろい，前方の机の上に置いて帰ってきます。次々にリレーして，箱を積み上げます。全員が終わった時に，どの組の空き箱が一番高いか競争します。一番高くても，一番遅くては勝ちになりません。

≪留意点≫

空き箱は大小，いろいろな形のものがあった方が楽しいでしょう。ただし，形のゆがんだものや，あまり薄い紙でできているものは除きます。

セロハンテープを使って空き箱と空き箱を貼り合わせれば，より高く積むことができるでしょう。ただし，人数が多い場合には，時間がかかるので不適当な場合があります。

はじめに，机を置く時に，水平に，そして，がたがたしないように設置しましょう。机が高いものは，箱を積み上げるのが幼児にはむずかしいので，むしろ，板を使うか，何も無くてもよいでしょう。また風の強い時は室内に変更しましょう。

5歳児のゲーム遊び

≪教育効果≫

1. 組対抗の競争ですから，グループ意識を高めることができるでしょう。しかし，あまり勝敗にこだわりすぎると悪い結果になりかねません。
2. 距離を長くすれば，走力を高めることに役立つでしょう。
3. 空き箱をひろう時は，なるべく大きい箱で，安定の良いものを選ぶこと，そして，その箱を，いかに高く積むか，また後の子のためにも積みやすいようにする等々，工夫することにより，構成力を養うことになります。

≪展　開≫

　時間を短縮するためには，2人1組になってする方法があります。また空き箱が多ければ，1回に2こずつ持っていく方法があります。

　高く積むかわりに，箱を並べて，なるべく長くする遊びもあります。この場合も，なるべく長い箱を選ぶこと，箱のどちら向きが長いかを早く判断するなどが必要になります。この方法では，前方から空き箱を手前に向かって並べると子どもたちが，どちらが長いかが良く見えて興味がわきます。

107

● 5歳児 ● 2学期 ● 集会ゲーム

46 おひげがながい

豊田君夫 作詞・作曲

♪ おひげがながい おひげがながい ながいおひげが ゆらゆらゆれる

≪準　備≫
　なし

≪遊び方≫
「おひげがながい」の歌をうたいましょう。そして動作をつけてみましょう。

おひげがながい――はじめ右手で，次に左手でひげを上から下へなでる動作をする。

おひげがながい――（同じ動作をくりかえす）

ながいおひげが――（同じ動作をくりかえす）

ゆらゆらゆれる――ひげが体の前で左右にゆれるような感じに，頭を左右に，2回くりかえしてまげる。

何回か，くりかえして，歌を楽しみます。歌はゆっくり，ゆるやかにうたってください。

「では，あてっこゲームをします。この歌が終わったら，頭をどちらかに曲げて止めてください。左の方でも右の方でも，どちらでもよいのです」先生は，"ゆらゆらゆれる――"と長くのばしたから，頭を左右にまげるのをくりかえしていますが，やがてどちらかに止まります。その時，先生と同じ方に頭を曲げていた人が当たりになります。

≪留意点≫
　まず，歌を楽しくうたい，体を動かしましょう。十分に楽しくなったところでゲームに移るようにします。とくに最後の，頭を左右に振ってひげをゆするところは，ゲームにつながりますから，しっかり指導しましょう。

　ゲームになって，先生が"ゆれる――"と伸ばしている間は，子どもたちは頭を動かさ

5歳児のゲーム遊び

ないことにしましょう。先生は，子どもの頭が完全に動かなくなっているのを見届けてから，自分の頭を静止させましょう。

≪教育効果≫

1. 歌あそびは，すべて歌を楽しくうたうことが大切な要素です。遊びとして，楽しく気軽にうたうということは，歌を好きにさせる良い方法でもあります。

2. これは，偶然性のゲームですから，あまり勝負にこだわらないですすめましょう。

≪展　開≫

この歌は輪唱することができます。「おひげが」をうたって，次の「な」で，後のグループがうたいはじめます。向かい合って輪唱し，お互いの動作を見ながら，3回続けてうたってみましょう。

なぞなぞ*〈集会ゲーム〉

子どもたちといろいろ考えるのは楽しいものです。
- 歩くときにはくものなあに？──くつ（げた，ぞうり，ながぐつ）
- 丸くてはずむもの，なあに？──ボール。
- おおぜい兄弟がいて，みんな顔の色がちがうものなあに？──クレヨン
- ばちゃばちゃ，びちゃびちゃ，なんの音？──水たまり（水，おふろ）
- 山だ，おだんごだ，トンネルだ，なあに？──砂場（砂）
- ツルになりました，かぶとになりました，ふねになりました，なあに？──折り紙
- お金があっても買えないもの，なあに？──太陽，月，空など……

● 5歳児 ● 2学期 ● 集会ゲーム

47 さかさことば

<準 備>
　なし

<遊び方>
　さかさことばって知っていますか。「とり」のさかさことばは「りと」,「はな」のさかさことばは,「なは」です。では,これから,先生がさかさことばでいいますから,みんなは,正しいことばで,いってください。

りま	……………	まり
みか	……………	かみ
こね	……………	ねこ
ぬい	……………	いぬ
まう	……………	うま
いこ	……………	こい
りとこ	……………	ことり
どんね	……………	ねんど
みさは	……………	はさみ
いけと	……………	とけい
すらか	……………	からす
ねがりは	……………	はりがね
ぽぽんた	……………	たんぽぽ
けやうゆ	……………	ゆうやけ
りきまか	……………	かまきり
えくつ	……………	つくえ
ノアピ	……………	ピアノ
りとわに	……………	にわとり
まうまし	……………	しまうま
うぼつて	……………	てつぼう

<留意点>
　さかさことばをいうときには,ゆっくり,はっきりといいましょう。一度でわからなければ二度いいましょう。はじめは2音に限っ

―――――― おにごっこ* 〈室外ゲーム〉 ――――――

おにごっこ
　何人かの子どもの中の1人がおにになり,その他の子どもは,すべて子(逃げる人)になります。おにが子どもたちを追いかけ,その中の1人をとらえれば,とらえられた子が新しくおにになります。

子ふやしおに,ためおに
　とらえられた子がはじめのおにといっしょにおににになり,つまりおにが2人になって他の子を追いかけます。このようにして,おには,だんだん多くなっていき,最後に全員がおにになったら,くりかえして遊びます。

助けおに
　おににとらえられそうになった時,別の子が,おにと追いかけられている子との間を横切りますと,おには前の子を追いかけることをやめて,横切った子を追いかけなければなりません。

ていい，慣れたら3音にしますが，無理に4音までしなくても良いでしょう。

≪教育効果≫
1. さかさ言葉の語感の意外な楽しさを通して言語への関心を高めます。
2. さかさ言葉から，正語を理解する知的な興味を経験することができます。

≪展　開≫
　始めは，先生がリードしますが，次には，子どもたちに，さかさ言葉の問題を出させましょう。
　また2グループに分けて，どちらが早く正語を言うことができるか競争させてみましょう。

　以上はおにごっこの基本の遊び方ですが，幼児に適するものでは，ねずみとねこ，ハンカチおとし，丸おに，うしうま，あておに，おじいさんおばあさん，高おに，かさなりおに，かげふみ，子とろ子とろ，あぶくたった，今年のぼたんなどがあります。
　おにごっこを分類すると次のようになります。
1. 前提のあるおにごっこ（真夜中おに，あぶくたった等）
2. 内容や方法に制約や変化のあるおにごっこ（高おに，子とろ子とろ等）
3. 場所や体形に制約や変化のあるおにごっこ（ねずみとねこ，重なりおに等）
4. 人に制約や変化のあるおにごっこ（あておに，おじいさんおばあさん等）
（参照：拙著『楽しいおにごっこ78──その基本形と展開』黎明書房発行）

●5歳児●2学期●集会ゲーム

48 かさねましょう

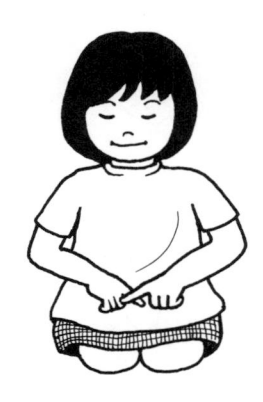

≪準　備≫
　なし

≪遊び方≫
　言葉をいいながら，指を重ねる遊びです。
ひとつ──両手の指を1本ずつ出して交差させる。
かさね──指の上下を変える。
ふたつ──指を2本ずつ出して交差させる。
かさね──2本の指の上下を変える。
みっつ──指を3本ずつ出して交差させる。
かさね──3本の指の上下を変える。
よっつ──指を4本ずつ出して交差させる。
かさね──4本の指の上下を変える。
いつつ──指を全部出して交差させる。
かさね──5本の指の上下を変える。
　はじめは，ゆっくり，やってみましょう。何回かくりかえしてやってみて，できるようになったら，少しテンポを早くしてみましょう。

≪留意点≫
　言葉は，リズミカルに，ゆっくりいいましょう。子どもたちの様子を見ながら，全員が参加しているのを確かめながら次へ進みましょう。
　一番はじめは，先生の両手を良く見えるように高く上げて，ゆっくり一通りやってみせると理解が早いでしょう。

5歳児のゲーム遊び

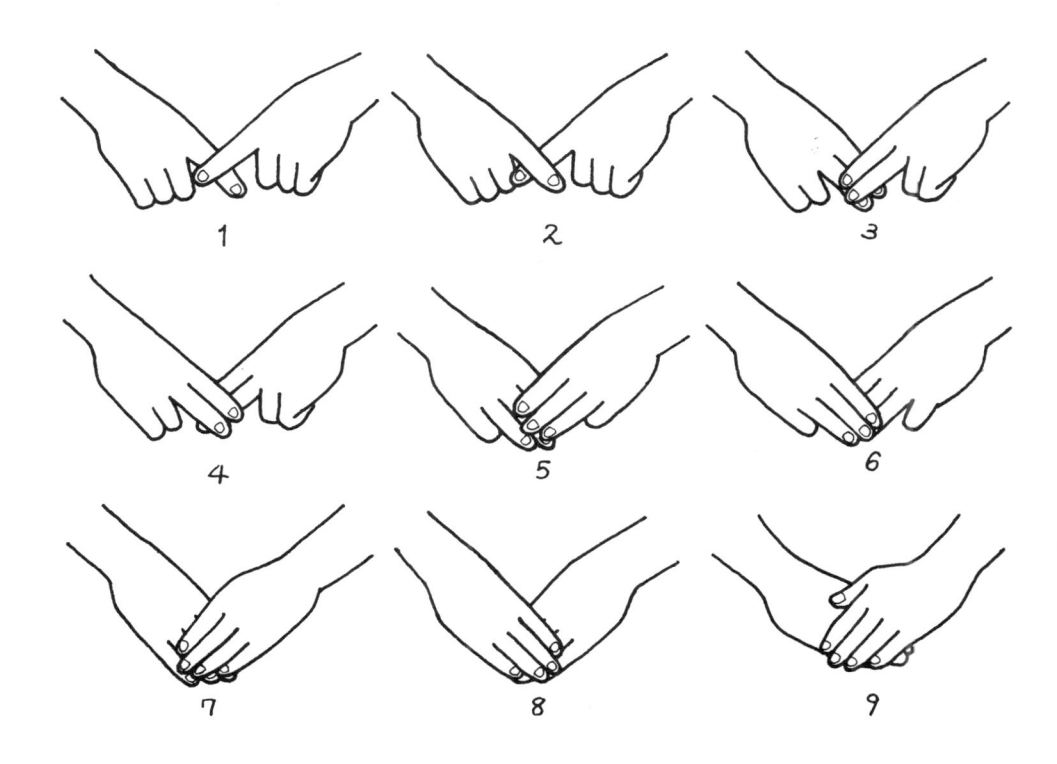

≪教育効果≫

1. ゆっくりやれば，5歳児なら全員が，できるはずですが，それを完全に仕上げる満足感を経験させます。
2. 数概念を，指を出し体を通して理解させます。
3. テンポを早くすれば，指を早く動かす練習になります。

≪展　開≫

　全員ができるようになったら，早くしたり，遅くしたり変化させて，何回もくりかえして遊びましょう。

　また，1本から5本へと多くする方法と，5本から1本へと，だんだん少なくしていく方法もあります。

　さらに，録音テープに，はじめは遅く，しだいに早く，4段階くらいに録音しておき，それに挑戦させる遊び方もあります。

●5歳児●2学期●室内ゲーム

49 半分折り紙

<準　備>
　折り紙とはさみを人数分。

<遊び方>
　折り紙を，長四角に半分に折ってから，はさみで切ります。半分に切った紙の1枚だけを，さらに半分に折ると正方形になります。それを広げて，また半分に切ります。このように次々に切って，絵のように5枚に切りはなします。
　では5枚に切った折り紙を，大きい順に，並べてみましょう。
　みんな並べ終わったら，元の四角になるように並べる競争をしてみましょう。(くりかえします)

<留意点>
　折り紙は，なるべく正確に半分に切るように指導しましょう。そして，はじめに5枚の紙を並べたり戻したりする時は，よく理解できるように，ゆっくり指導しましょう。
　知的に発達が遅れている子がいる時は，はじめ3枚に切ったところで，並べてみて，この遊び方を理解させましょう。

5歳児のゲーム遊び

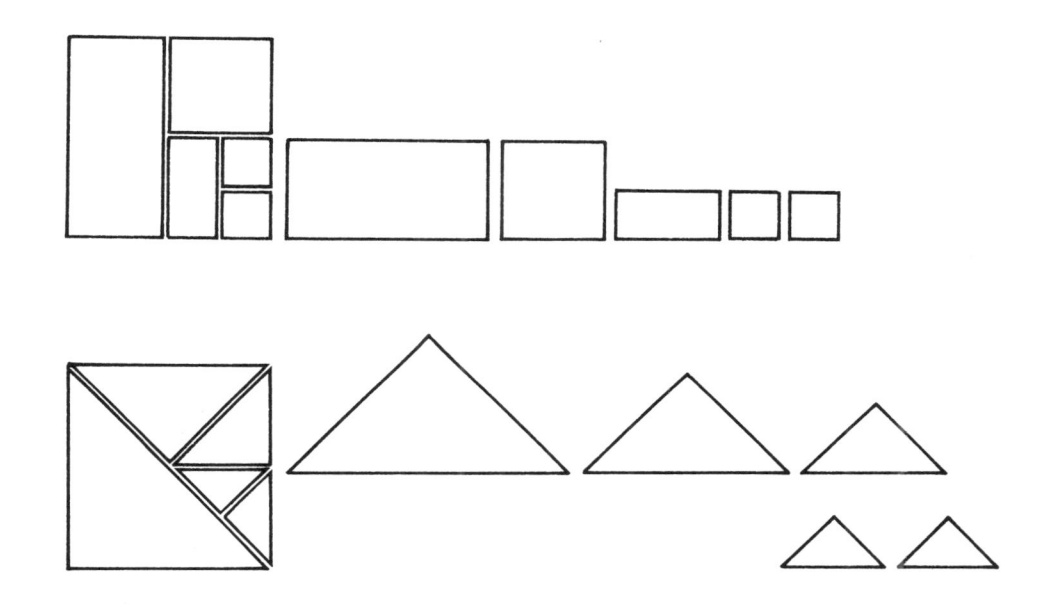

≪教育効果≫

1. 自分の手で1枚の紙を切って，分割したものを，また原形に戻すことにより構成に対する理解力を高めることができます。
2. 手の敏捷性を養います。

≪展　開≫

子どもたちが，この遊びに興味を持ち，十分マスターするようであれば，さらに小さく切ったり，または三角形に切る方法もあります。しかし，無理に高度にすると，逆効果になるおそれもあります。

1mくらいの大きい紙を使って，床の上に紙を並べて遊ぶこともできます。この場合，グループ対抗にしてみるのも良いでしょう。

伝言ゲーム＊〈室内ゲーム〉

全員を2～3グループに分けます。(人数によっては，4～5グループにします。幼児の場合あまり人数が多くない方がよい。10人くらいまで)

各グループとも，一列に並びます。(なるべく列と列との間隔をあける)先頭の子を先生の所へ呼んで，小声で，伝言することばを教えます。たとえば，「カラスがないた，カアカアカアカア」とか，「たまご，コロコロコーロコロ」とか，「やまかじだ。にげろ，にげろ」とか，あまり長くないことばにします。

そして，他の人に聞こえないような小声で，次々にとなりの子に伝言していきます。どのグループが早く正確に伝わるかを競います。最後の子は，先生の所へ行って伝わってきたことばを小声でいいます。先生は，それを書きとめておき，あとで発表します。

●5歳児●2学期●室内ゲーム

50 円形テープ

≪準 備≫

　紙のテープに，30cm置きに○印を人数分つけます。その紙の両端をセロハンテープで，しっかり止めて，円形にします。

≪遊び方≫

　子どもたちを円形に並ばせて立たせます。そして，片手で，紙テープの○印のところを握って持たせます。この時，○印をとばして持たないように詰めさせます。もし，人数が多かったり，少なかったりしたら，急いで紙テープを切ったり，つないだりして，全員が同じ条件でテープを握るように処置しましょう。そして紙テープが，たるまないように，静かに，少しだけうしろにさがりましょう。

　そこで，「先生が"いち，にいの，さん"といったら，みんなで強く紙を引っぱります。すると，テープは，いろいろな長さに切れるでしょう」といって実際にやらせてみます。その後は，テープを持ったまま自由隊形で行進します。タンバリンを先生が打ったら近くにいる同士が2人になってテープの長さをくらべます。そして，短かかった人は，自分のテープを相手に渡して，ゲームを抜けます。

　このように，くりかえして，最後まで残った子が勝ちになります。

5歳児のゲーム遊び

≪留意点≫

○印は等間隔につけます。紙テープがあまりよじれないようにして公平になるように配慮します。

紙テープを引くときに、しっかり握っていないと、紙が手から抜けてしまうことがありますから、「いち、にいの、さん」という寸前に注意をうながしましょう。

切った紙をくらべる時は、1人が2枚のテープの端を、きちんと揃えて持ち、他の子が反対の端を見てくらべるようにします。

紙テープを持って歩く時は、テープが見えにくいように、体のうしろにかくす方が、ゲームが楽しくなるでしょう。

紙テープは2～3本用意して、くりかえして遊べるようにします。

≪教育効果≫

1. くらべることを通じて、長短をはっきり自覚させます。
2. テープを切る時に偶然性が働きますから、かならずしも力の強い子が長くなるとは限りません。力以外の競技の要素を経験させます。

●5歳児●2学期●室内ゲーム

51 あたまでポン

《準備》
　新聞紙をまるめた紙のボールを，ひもで部屋の中央に天井からつります。（新聞紙は5枚使い，はじめの1枚は固くまるめ，その後は，1枚ずつ，あまり固くならないように次々にまるめて，セロハンテープでとめます）

《遊び方》
　子どもたちは，部屋の周囲にコの字型に椅子を並べて腰かけます。1人ずつ順に出てきて，紙のボールを思いきり強く横にたたくと紙のボールは，天井近くまで上って戻ってくるでしょう。この時，紙のボールが天井に触れれば成功です。

　ひと通り終わったら，もう一度くりかえしてやってみましょう。2回目は，きっと成功する子が多くなるでしょう。

　次に，やり方を変えましょう。思いきりたたいた紙のボールが戻ってきた時，頭（または額）に当てることができれば，成功です。背を低くしすぎると，ボールは頭の上を通過してしまうでしょう。また背が高ければ顔や胸に当たります。（紙は軽く顔に当たっても問題ありませんが事前にテストしておきましょう）さらに，横にずれていれば，ボールは体をかすめて通過してしまうでしょう。

5歳児のゲーム遊び

≪留意点≫

　紙のボールの高さは，平均身長より低めにつるしましょう。ボールが途中で落ちたり，ひもが解けたりしないように十分点検しておきましょう。

　蛍光灯等にボールが当たらないようにつるす所を考えましょう。必要であれば，事前に危険のないよう処置しておきます。

≪教育効果≫

1．紙のボールを思いきり打つことでストレス解消の働きがあります。
2．打つ時も，戻ってきた時に頭に当てるのも，位置決め（この場合，方向と高低）の感覚を養うことができます。
3．紙のボールを頭に当てる時，意外な状態が起こって，見る楽しさがあります。

≪展　開≫

　2組に分かれて，成功者が何人出るか競争する方法もあります。

　また，戻ってきた紙のボールを1回頭に当てるだけでなく，何回もつづけて頭で突くようにするのも楽しい方法です。

●5歳児●2学期●室外ゲーム

52 いろいろボール

≪準　備≫
　赤，白，黄のボール（色がなければ，カラービニールテープなどを巻きつけて区別する）。
　庭の三方に小さい円を描き，その中に，赤，白，黄の旗を1本ずつ立てておきます。

≪遊び方≫
　3人のおにを選び，赤，白，黄のボールを持たせます。
　笛の合図と同時に3人のおには，ボールを子どもたちに当てるので，子どもたちは，いっせいに逃げます。おにには，子どもにボールを当てることができたら，その子を自分のボールの色と同じ色の旗を指示し，当てられた子は，その色の旗が立っている円内に入ります。

　このようにして，一定の時間遊び，笛の合図でやめます。そして，どの色の子が一番多くボールを当てたか人数をくらべましょう。

≪留意点≫
　ボールが当たっても気がつかない子があれば，先生が注意します。また，2このボールが同時に当たるようなことがあれば，先生が判定してあげましょう。さらに，1回に2人も3人もボールに触れた時はどうするかなどについて，必要であれば，話し合いでルールを定めましょう。
　人数にもよりますが，全員がボールを当てられるまでつづけてみるのも良いでしょう。この場合，すでに当てられて円内にいる子は，応援をするよう促しましょう。この場合，当てる方を応援するか，逃げる方を応援するか

5歳児のゲーム遊び

は自由です。

　次におにに交替するのは，最初に当てられた子とか，最後まで当たらなかった子とかを相談してきめます。

≪教育効果≫

1．ボールが当たらないように逃げる敏捷性と反射神経を養います。
2．ボールが二方から同時に来ることもあり得るので，それに対する注意力と対応が必要になります。

≪展　開≫

　園庭の広さによっては，ボールの数を赤2こ，白2こ，黄2ことするのも良いでしょう。

　また，1このボールにおに2人ずつにして，おにが2人で協力して当てるという方法もあります。

● 5歳児 ● 2学期 ● 室外ゲーム

53 マラソンゲーム

≪準　備≫
　園庭になるべく大きなトラックを描く。

≪遊び方≫
　全員を3組に分け，目印のはちまきか帽子をかぶります。
　「よーい，ドン」で，いっせいにトラックを走り出します。1周，2周，3周，4周と，何回でも走りつづけます。少しくらい遅くてもいいから，途中でやめないで，笛がなるまで，がんばって走りつづけましょう。
　でも，どうしても，疲れて，もうだめだと思ったら，抜けてください。
　そして，笛がなったら，マラソンは終わりです。この時，どの組の子が何人残っていたでしょうか。多く残っていた組の勝ちになります。

≪留意点≫
　はじまる前と，終わってから，全員で体操をしましょう。
　無理に早く走らせる必要はありません。また無理に最後まで走らせる必要もありません。しかし，1周や2周でやめるようなことではなく，がんばって，1周でも多く走らせたいものです。
　そのため，先頭を見ながら，1周したら「1回」，2周したら「2回」と大きな声でいって励ましてあげましょう。
　グループ意識を高めるため，はじめる前に，組ごとに円陣を組んで，「がんばれ，がんばれ，あかぐみ」などと，くりかえして気勢をあげます。

🌸 5歳児のゲーム遊び

≪教育効果≫
1. 都会の子たちは，室内遊びが多くなり走力が落ちています。走る楽しさを知ることは，健康の元であり，すべてのスポーツの基本です。その走力を高めることに役立ちます。
2. がんばる力，忍耐力をつけることができます。1回でも多く走る，他の子に負けないように走るよう，がんばらせましょう。
3. 組対抗ですから，自分もがんばり，組の他の子もがんばって，勝てば大きな喜びが経験できます。

≪展　開≫
　とくに，展開を求める必要もないでしょう。しかし，たとえば，2〜3こ の簡単な障害物を置いてみるのも良いでしょう。

●5歳児 ●2学期 ●室外ゲーム

54 動物ジャンケンつなぎ

<準　備>
　なし

<遊び方>
　子どもたちは，めいめいに，なき声のある動物や鳥の中の1つをきめます。
　全員，自由隊形で，元気になきながら庭中を歩きまわります。
　笛がなったら，近くの2人が手をつないで，その場にしゃがみます。全員が2人組になったら，立ち上がって，みんないっしょに，ジャンケンをしましょう。
　負けた子は勝った子のうしろにつながります。そして笛の合図で，歩きはじめる時は先頭の子のなき声と同じなき声でいっしょに歩きます。
　また笛がなったら，先頭の子と先頭の子同士がいっしょになり，その4人が，その場にしゃがみます。
　全員がしゃがんだら，先頭の子だけが立って，2人でジャンケンをします。そして負けた方の2人は勝った方の2人のうしろにつながり4人になって歩きます。その時，先頭の子と同じなき声で，元気になきながら歩きましょう。
　次に笛がなったら，4人と4人で8人になります。このように，くりかえしていって，最後には，全員が1列になり，一番先頭の子のなき声と同じなき声で歩きます。

5歳児のゲーム遊び

≪留意点≫

　ジャンケンをする時はいつでも，全員がいっしょに「ジャンケン，ポン」と元気にかけ声をかけるようにしましょう。1人が半端で相手のない時には，近くの組に入れてもらって3人でジャンケンをしましょう。

　新たに歩き出す前には，かならず，その組のなき声を確かめ合いましょう。

　列が長くなってきたら，先頭の子は，なるべく園庭を大きく歩き回るように指導しましょう。

≪教育効果≫

1. ジャンケンの約束に従って，負けた子は勝った子につながります。しかし，同じ組になった子は，次には，仲間として，先頭の子を応援します。このように，社会性を高めることに役立ちます。
2. 最後は全員で一列になり，対抗意識を消して，集団化するということを無意識の中に経験します。

≪展　開≫

　はじめに，全員を，紅，白，または赤，白，黄等の組に分けておくと，最後に，どの組の子が優勝するかという興味がわきます。

●5歳児●3学期●集会ゲーム

55 キッシング

図①

≪準備≫
　なし

≪遊び方≫
　キッシングという魚を知っていますか。お友だちの魚同士が向かい合って口をパクパクやっています。
　では、先生と同じように片手を出して、魚の口のように、パクパクやってみましょう。（手を早く動かしたり、ゆっくり大きく開いたり、いろいろ変化させてみましょう）―図①
　キッシングが、水の中で楽しく遊んでいますと、こわいお魚のピラニアがやってきました。ピラニアに食べられないように早く逃げましょう。逃げる時は、別の手を、下の方に広げておいて、キッシングをしていた方の手を広げて、下の手に合わせて強く打ちます。―図②
　すると、手を打った音で、ピラニアは逃げていってしまうのです。
　では、先生が「ピラニア」といったら、早く手を打ってください。

≪留意点≫
　手をパクパクさせる時に、先生は、早さの変化、そして、手の開き方の変化、それに上下左右の位置の変化も加えて、楽しく遊びましょう。
　「ピラニア」という時は、やや大きな声で早口でいうほうが効果的です。

❖ 5歳児のゲーム遊び

図②

<教育効果>
1. 5歳児も3学期のこの時期では，ルールを確実に守ることができますので，やさしいゲームも，的確に実践させて，ゲームあそびの効果を高めましょう。
2. いつピラニアというかに注意を集中し，反射的に手を打つ練習になります。

<展　開>
慣れてきたら，「ピラニア」の他に「ピーマン」等といって，この時には手を打たないようにします。

また，先生のかわりに，子どもがリーダーになって楽しむのもよいでしょう。

さらに，2人ずつ向かい合って，魚の口（手）を向かい合わせ，片方がリードして，手をパクパクさせながら，手を上下に動かし，相手もそれに合わせるように上下させます。そのうちに，先生が「ピラニア」といったら，あらかじめ下方に，二人の別の手を重ねておいて，その手のひらをどちらが早く打つかを競う方法もあります。

●5歳児●3学期●集会ゲーム

56 ポン，手をあげる

≪準　備≫
　な　し

≪遊び方≫
　先生が「ハイ」といったら，両手を上にあげてください。
　次に「ハイ」といったら，前より早く手を上にあげてください。
　もう一度「ハイ」といいますから，もっともっと早く，両手を上にあげてください。
　とても早く，手を上にあげられましたね。それでは，次に「ハイ」といったら，両手を体の前で，1回だけポンと打ってから，上にあげてください。
　次に「ハイ」といったら，両手を2回打ってから上にあげてください。（このようにして，3回，4回，5回までやってみましょう）

　では，「ハイ」という時に，先生が指を1本出したら，両手を1回打ってから上にあげてください。「ハイ」という時に指を3本出したら，両手を3回打ってから上にあげるのです。（1度，両手をあげたら，下へおろさせてから，またくりかえして遊びます）

≪留意点≫
　「ハイ」は力を入れて，はっきりいいましょう。瞬発力を出して，力強く両手を動かすため，指導のテンポが早すぎると失敗します。「ハイ」という先生も気持ちを集中させていうようにしましょう。
　連続して，くりかえして遊ぶ時も，緩急の流れが出るように配慮しましょう。（「ハイ」という時が「急」，その他が「緩」）

5歳児のゲーム遊び

≪教育効果≫

1. 手の瞬発力を高めることに数あそびが加えられています。反射的に判断を要する比較的高度な遊びです。
2. 数概念に関する遊びであっても、競争性は弱く、みんなで楽しむ協調的集団遊びです。

≪展　開≫

全体を、左右2組に分けておき、「ハイ」といって、指を前に出す時、手を左の組の方へ出したら、左の組が指の数だけ手を打ってから上にあげます。この時、右の組は何もしません。

このように、左方、右方と手を出す方向を変えます。そして中央に出した時は、左右両方の組がいっしょにやります。

さらに高度にするには、先生が両手を使って、左の組と右の組にちがった指示を与えて変化させます。

●5歳児●3学期●集会ゲーム

57 指のうえに

豊田君夫　作詞・作曲

ゆびのうえに　ゆびのうえに　ボーン

≪準　備≫
　なし

≪遊び方≫
　うたいはじめる前に絵のように，親指を重ねて用意します。
　「指のうえに」の歌に合わせて，指を重ねていきます。
指の———右手の人差指を重ねる。
上に———左手の人差指を重ねる。
指の———右手の中指を重ねる。
上に———左手の中指を重ねる。
指の———右手のくすり指を重ねる。
上に———左手のくすり指を重ねる。
指の———右手の小指を重ねる。
上に———左手の小指を重ねる。
ボーン——両手を広げながら上にあげ，横に開いておろす。

　子どもたちが歌と動作をマスターしたら，次のようにして遊びましょう。
　子どもたちの歌と動作がはじまったら，先生は子どもたちの間を歩きだします。そして，最後の「ボーン」が終わった時に，近くの子を指さします。さされた子は，何でもいいから，自分の思った言葉をいいます。「カラス」とか「サクランボ」とか，または「いぬがワンとないたよ」とか「おなかがすいた」とか，なんでもよいのです。
　子どもが言葉をいい終わったら，先生は，すかさず「ハイ」と，みんなにいいます。みんなは，指さされた子がいった言葉を，同じいい方で，全員が，そろっていうのです。
　そして，また「指のうえに」の歌をくりか

5歳児のゲーム遊び

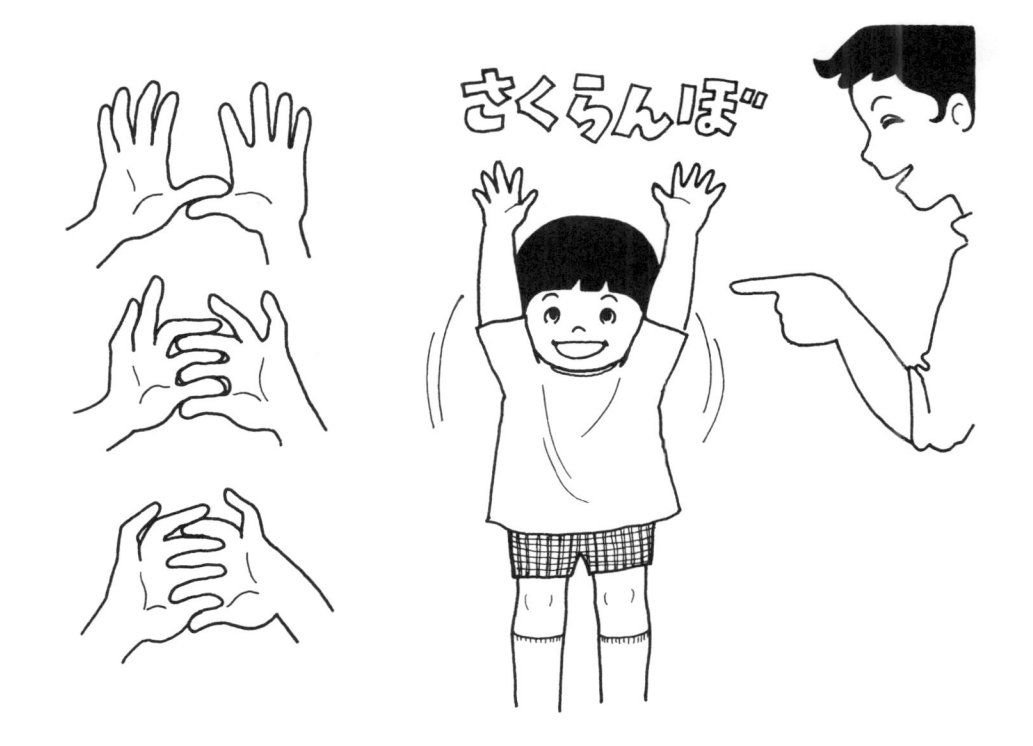

えして言葉遊びをします。
　指さされた子が，大きな声でいったら，他の子も大きな声でいい，小さな声でいったら小さな声でいうことにします。

≪留意点≫
　はじめに歌と動作を先生が実際にやってみせましょう。あまり早くならないように気をつけましょう。
　指さされた子は，みんなに聞こえるような声でいうように指導します。

≪教育効果≫
1．子どもが自由に考えて自由に発言する練習になります。遊びですから，できる限り子どもの発言を否定しないことが原則です。
2．発言者の言葉を，いかにうまく模倣していうか，言葉を聞きとることと表現することに役立ちます。

≪展　開≫
　子どもがいう言葉は一定にして，例えば，「おなかがすいた」と決め，そのいいかた（表現）を工夫し，変化させる遊び方もあります。

●5歳児 ●3学期 ●室内ゲーム

58 新聞太郎はロボットだ

♩=56　　　　　　　　　　　　　　　　　　　豊田君夫　作詞・作曲

しんぶんたろうは　ロボットだ　　このこも
そのこも　ロボットだ　　ギーギー　ノッソ　ノッソ
ころぶなよ　　やぶくなよ　　ギー　ノッ　ソー

≪準　備≫

新聞紙多数。

セロハンテープ。

≪遊び方≫

　ロボットって知っているでしょう。機械で,できているけれども,人間のように動くんです。手も足も動くし,話をするロボットもいるそうです。

　では,みんな,ロボットになって歩いてみましょう。

　それでは,ここに,新聞紙とセロハンテープがありますから,だれかの体に新聞紙をはりつけて,ロボットをつくってみましょう。ロボットになりたい人は手をあげてください。(3人を選び出し,全員を3グループに分ける)

それでは,新聞ロボットをつくりましょう。

(と,みんなにつくらせる)

　3人とも,ほんとうのロボットのようにできあがりましたね。みんなで「新聞太郎はロボットだ」の歌をうたいますから,3人のロボットは,のっそ,のっそ,部屋中を歩きまわってください。

≪留意点≫

　部屋は机・椅子等をかたづけて,なるべく広くしておきましょう。

　新聞紙の枚数を制限する方法と,時間を決めておく方法があります。

　ロボットになる子は,両手を広げて立ちましょう。また,目のところは,開けることにしますが,目を痛めないよう十分注意しましょう。この遊びは,かならずしも優劣を決す

🍀 5歳児のゲーム遊び

る必要はないでしょう。

≪教育効果≫
1. 新聞紙も使い方で，意外な感じになることを経験させます。
2. 子どもの姿が新聞紙でおおわれていき，まったく別の「ロボット」に変身していく過程を見ながら，協力してつくりあげる楽しさを味わいます。

≪展　開≫
できあがったロボットにかわるがわる色を塗ってみるのも楽しいでしょう。（この場合も，画材が目に入らないよう注意します）
また，最後は，新聞紙を破って中から早く出てくる競争をしても楽しいでしょう。

笑いのハンカチ* 〈集会ゲーム〉

子どもたちの前で，リーダーは1枚のハンカチを持って立ちます。そして，「ワン，ツウ，スリー」といって，ハンカチを空中に投げます。子どもたちは，ハンカチが，リーダーの手を離れた時から，リーダーの手に戻るまでの間，大声で元気に笑います。

リーダーは，投げるふりをして，実際には投げなかったり，落ちてきたハンカチを，わざと受け止めなかったりして，変化を加えます。

2組に分けて，その巧拙を競わせても良いでしょう。

また笑いのかわりに，泣いたり，怒ったりする方法もあります。

● 5歳児 ● 3学期 ● 室内ゲーム

59 あくしゅ

≪準　備≫
　なし

≪遊び方≫
　2人を選び，1人ずつ，部屋の両隅に立たせます。1人の子に，「むこうの子のところへいって，あくしゅをしてください」といいます。あくしゅは，仲良しのしるしですから，うれしそうにしましょう。
　では，もう1回やってもらいますが，「こんどは，むこうの子のところへ行くのに，なるべく遠まわりをして行ってください」といって，1人ずつ，順番に，次々にやらせてみましょう。

≪留意点≫
　「なるべく遠まわりをしていく」とだけいって，子どもたちが，どのようにして，むこうの子まで行き着くか，その創意工夫をくらべる（競う）のが，このゲームのねらいです。
　子どもたちは，自分の考えで，ジグザグに歩いたり，ぐるぐるまわったり，机の下をくぐったり，さまざまな変化を考え出すことでしょう。それを見ている子どもたちも楽しくなって，次の順番がまわってきた時，どうしようかと工夫するでしょう。
　中には部屋の中だけでは満足しないで，庭へ出ていく子もいるかもしれません。このように1人の時間が長くなりそうな時は，次の子も出発させます。
　はじめのうちは，あまり発展しない場合も，

🌼 5歳児のゲーム遊び

先生は明るい態度で、子どもたちの中から変化が出るのを待ちます。「なるべく遠まわりをしていく」ことを、くりかえしているうちに、子どもたちは、このゲームの意味と楽しさを理解することでしょう。

この種の遊びでは、だれが一番遠まわりをするか、という競争意識を持たせない方が、工夫し創造する楽しさがはっきりします。なお、立っている子は交替させましょう。

≪教育効果≫
1．工夫する楽しさを知り、創造性を高めます。
2．他の子の変化を見て、心を豊かにすることでしょう。

≪展　開≫
　2人の子を立たせておき、2人いっしょにスタートさせる方法もあります。
　ホールや園庭のような広い所に場所を変えると、内容が大きく変化することでしょう。

●5歳児●3学期●室内ゲーム

60 いすにさわろう

<準　備>
　椅子8脚。(間隔をあけて2列に向かい合わせて4脚ずつ並べます)

<遊び方>
　「ここに椅子が8つあります。この椅子を,ひとつも残さないで,さわってください」といってから,1人ずつ,順番にさわらせます。(どんな,変化が起こってくるでしょうか)

<留意点>
　「ひとつも残さずにさわってください」とだけいいます。子どもたちは,はじめのうちは,8つの椅子を,残さずに触れることに気をつかうことでしょう。しかし,数人,あるいは10人と進むにつれて,子どもの触れ方が,少しずつ変化していくことに気づくでしょう。
　先生が明るい態度で見守っていると,触れ方を変化させても良いことに気づきます。そして,しだいに,その触れ方に創意工夫が加わって,さまざまなさわり方が出てくることが楽しくなってきます。そうした後も,先生は「ひとつも残さずにさわってください」というだけで十分です。
　特別工夫した触れ方ができた場合でも,先生は,それを賞めたりはしません。もしそうすると,子どもたちが,それにとらわれて別の工夫や変化が弱くなるからです。
　この楽しさを理解すると,子どもたちは,もう一度,もう一度と,くりかえすことでしょう。
　あまり椅子が乱れれば,元に戻すようにしましょう。特に乱暴なことのない限り先生は明るい態度で見守りましょう。

🌸 5歳児のゲーム遊び

　一通り，二通り，くりかえしても変化が出ない場合は，「もっと，別のさわり方がないかしら」と助言してみます。

≪教育効果≫
1. 工夫する楽しさを知り，創造性をたかめます。
2. 他の子が工夫し変化させるのを見て，その楽しさに心が豊かになるでしょう。

ナンバーコール* 〈室内ゲーム〉

　全員が1重円か2重円になり，音楽や歌に合わせて歩きます。途中で，リーダーが「2人」とか「3人」とか「8人」とかいいます。子どもたちは，指示された人数になり，その場にしゃがみます。残った人は，次のいずれかをすることにします。
・1回だけ抜ける。
・歌をうたったり，なぞなぞ問題を出したりする。
・おにになり，他のゲームを展開する。
　この「ナンバーコール」のゲームは，グループをつくる目的に利用することができます。

●5歳児●3学期●室外ゲーム

61 たすけぶね

《準　備》

マット2枚。（または，それにかわるもの）
スタートラインと，その前方に，円を2つ描く。

《遊び方》

全員を紅白2組に分けます。そして，「よーい，ドン」で競争がはじまります。何人かがマットの上にすわり，それを何人かで引いて，前方の円まで行きます。円まで行ったら，マットを引いていった子が円の中に入り，マットに乗っていた子が，マットを引いてスタートラインに戻り，何人かの子を乗せて引きます。このようにくりかえして，早く全員が円に入った組が勝ちになります。

《留意点》

子どもたちが，何人でマットを引くか，何人マットの上に乗るかは自由ですが，多く乗り過ぎたり，引く子の力が弱かったりすると，マットが動きません。この時は，かならずスタートラインに戻ってから，人数を減らしてやり直します。

円の前方で，終わらないように，最後まで先生が確認しましょう。

スタートラインから，円までの距離は15～20mくらいが適当でしょう。

《教育効果》

1．全身の力をつける訓練になります。
2．何人の子をマットに乗せるかの工夫と判断が必要です。
3．協力する気持ちを養います。

《展　開》

トラックを描いておき，4か所くらいに旗

なわとび* 〈室外ゲーム〉

なわとび遊びにも，いろいろなわらべうたがあって，各地でうたわれています。
・おおなみ，こなみ，ぐるりとまわって，ねこのめ。
・おじょさん，おはいんなさい。ありがとう。ジャンケンポン。まけたら，さっさとおでなさい。
・ほうらほら，あおやまのえんどうまめが，あおくさい。おとのさま，おひめさま，いちはしさん，にいはしさん，さんはしさんで，いちぬけて，そ

れ，さんぬけて。

ここで，『縄跳運動の指導――250種の解説』という書物を紹介することにします。
これは昭和14年5月5日に明治図書株式会社から3円20銭で発行されたもので，著者は出口林次郎という人です。主な内容は次の通りです。
〈縄跳遊戯の基本練習〉

5歳児のゲーム遊び

を立て，マット引きレースをしても良いでしょう。この場合，マットの上に乗る子が2人，引く人数は3人と定めます。旗のところで乗っていた子が交替します。

また，園庭に4か所くらい，円を描いておき，円から円へと引っ越していく遊びにしてみるのも楽しいでしょう。

姿勢の基本，姿勢の要領，短縄の廻旋，跳躍の基本
〈個人縄跳遊戯の種類〉
其場跳躍（120種。例：順廻旋両脚跳，逆廻旋両脚跳，腕交叉順廻旋片脚跳，腕交叉逆廻旋踏替側挙跳，等）
〈個人縄跳遊戯の種類〉
移動跳躍（130種。例：順廻旋両脚前進跳，逆廻旋片脚前進跳，腕交叉逆廻旋踏替屈膝挙股前進跳，腕交叉連続順廻旋片脚交互前進跳，等）
〈団体縄跳遊戯の種類〉
長縄の廻旋，長縄廻旋中の持換，跳躍出入の基本，遊戯の種類
〈競走遊戯の種類〉
〈その他〉

●5歳児●3学期●室外ゲーム

62 あきばこでおどろう

≪準　備≫
　あき箱を人数分。(あまり重いもの，金具等のついているものは不適当。また，ふたが開くものはセロハンテープでとめる)

≪遊び方≫
　全員が1こずつあき箱を持ち，2人で手をつなぎ2重円になります。タンバリンがなったら，

- 16呼間　手をつないで歩く。
- 4呼間　手をはなして両側にひろがる。
- 4呼間　箱を4回たたく。
- 4呼間　歩いて元の位置にもどる。
- 4呼間　相手と腕を組んで1回まわる。
- 8呼間　相手の箱と自分の箱を合わせて，8回たたく。

　次に笛がなり，持っている笛をなるべく高く上に投げます。落ちてきた箱を，どれでもいいから1こひろって，すぐに誰とでもよいから手をつないで2人組になり，2重円をつくります。だれが早くて，だれが遅いでしょう。タンバリンがなったら，また，くりかえして遊びます。

≪留意点≫
　単純明快なマーチかフォークダンスのレコードを用意しましょう。
　あまり小さい箱やこわれやすいものは除きましょう。箱を投げる時は，できるだけ高く投げるよう練習してみましょう。
　ゲームだけでなく，ダンスも楽しく踊るよう配慮しましょう。

🌼 5歳児のゲーム遊び

≪教育効果≫
1. ダンスのリズム的動きに、ゲームの乱れたはげしい動き、その変化に対応する身心の動きを養います。
2. 規律とルールをしっかり守らせると、より高度で楽しいゲームを経験することができます。

≪展　開≫
　箱を投げた時、先生が2〜4こ箱を回収すれば、箱をひろえない子が出て、しだいに人数が少なくなるゲームになります。
　またあき箱を2こずつ全員に持たせ、2こずつ箱をひろう方法もあります。

●5歳児●3学期●室外ゲーム

63 ロープリング

≪準　備≫

長いひも2本。

リング10個（リングは，セロハンテープの芯の紙輪が最適）。

≪遊び方≫

長いひもを，まっすぐに張って，両端を子どもに持たせます。そして，片方の端にリングを1つ通します。「だれか，このリングを持って，反対の端まで，かけだしてみてください」とやらせます。

かけるときは，全速力でやってみてください。

では次に，ひもを「く」の字のように曲げて，途中を，もう1人の子に持ってもらいます。そして，その途中に，リングを，もう1こ入れます。ですから，端からリングを持って，かけて行った子は，途中で，持って行ったリングを離し，次のリングに持ちかえて，むこうの端まで行くのです。（何人かにやらせてみます）

次に曲り角をもう1つ多くして，持つ子もリングも多くなります。そして，かけていく子は途中で，リングを2回持ちかえることになります。

このように，しだいにリングと子どもを多くして，6人の子でひもを持ち，5このリングを使ってやらせます。（途中でひもを持っている子は交替させましょう）

やり方がわかったら，ひもを2本使って，同形のものをつくり，全員を2組に分けてゲームをしましょう。この時は，ひもの両端に人数を分けておき，リングが行ったり来たり

● 5歳児のゲーム遊び

するようにします。勝敗をわかりやすくするため，終わった子は，一定の所に集まると，残っている子がはっきりするでしょう。（もちろん人数は同数とします）

≪留意点≫

　リングを持ち変えるところが指導のポイントです。先生がゆっくり模範を示してください。

　ひもは常に，たるまないように注意しましょう。

　遊び方に示した方法がむずかしければ，1人の子が行って戻ってくるリレーにしても良いでしょう。この時は，ひもを短く使うか，または，数組にして，時間があまり長くかからないよう配慮しましょう。

≪教育効果≫

1．短い距離を全力疾走するのに良いゲームです。
2．速い動きの途中で，リングを持ちかえることで協応性が身につきます。

≪展　開≫

　ひもの曲げ方で，色々の変化が生じます。子どもたちに工夫させると意外な形が生まれることがあります。

あとがき

　同じゲーム遊びを指導するにしても，その取り上げ方が適切であれば，良い教育効果を上げることができます。
　適切であるというのは，次のように考えられます。
　1．ゲーム遊びのねらいが正しく理解されていること
　2．楽しいアイディアに富んだゲーム遊びであること
　3．ゲーム遊びの内容が対象児の発達段階に合致していること
　4．導入から終了までの指導が適切であること
　5．系統的であり，積み重ねの要素が多く含まれていること
　ゲーム遊びは指導する遊びではありますが，その教育効果を十分に達成させるためには，子どもの自由や自主性を高める要素，つまり子どもが考えたり発展させたりすることを大切にして，それをゲーム遊びの中で取り上げることにより遊びの内容が，より対象年齢に適するものになったり楽しさが倍増することに繋がり，教育効果を高めることができるでしょう。
　本書の発刊に当り，御尽力いただいた黎明書房社長武馬久仁裕氏，並びに編集部都築康予氏に感謝の意を表します。

豊田君夫

著者紹介
豊田君夫
日本創作ゲーム協会顧問。
元氷川幼稚園園長。
元大妻女子大学非常勤講師。

〈主な著書〉
『発達段階による3・4・5歳児の劇あそび集』
『楽しいおにごっこ78』
『3・4・5歳児の遊びを中心とした保育カリキュラム』（共著）
『生きがいづくり・健康づくりの明老ゲーム集』（共著）
『これだけは知っておきたい保育の禁句・保育の名句』
　　　　　　　　　　　　　　（以上，黎明書房）

本文イラスト　岡崎園子
中扉イラスト　中村美保
カバー・本扉イラスト　伊東美貴

3・4・5歳児のゲーム遊び63

2006年5月10日　初版発行		
著　者		豊田君夫
発行者		武馬久仁裕
印　刷		株式会社　太洋社
製　本		株式会社　太洋社

発　行　所　　株式会社　黎明書房

〒460-0002　名古屋市中区丸の内3-6-27　EBSビル
　　☎052-962-3045　FAX 052-951-9065　振替・00880-1-59001
〒101-0051　東京連絡所・千代田区神田神保町1-32-2
　　　　　　南部ビル302号　☎03-3268-3470

落丁本・乱丁本はお取替します。　　ISBN4-654-05921-0
　　© K. Toyoda 2006, Printed in Japan

これだけは知っておきたい　　　　　　　　　　　　　　　　豊田君夫著
保育の禁句・保育の名句　　　　四六・205頁　1600円
「いつまでぐずぐずしているの」など，子どもを傷つけ，成長を阻害する，保育実践で使われがちな禁句を，事例を交え詳述する。適切な言葉がけも収録。

　　　　　　　　　　　　　　　　　　　　　　　　　　　　豊田君夫著
楽しいおにごっこ78　その基本形と展開　　A5・157頁　1600円
子どもと楽しむゲーム①／「ことろことろ」など伝統的なおにごっこ13種と，「宇宙かいじゅう」など様々な条件に合わせた創作おにごっこ65種。『楽しいおにごっこ』改題・改版。

　　　　　　　　　　　　　　　芸術教育研究所監修　福島康・大森靖枝編著
0～3歳児のからだでワクワク表現あそび　　B5・80頁　1700円
スキンシップを大切にする「コアラの赤ちゃん」から，まねっこあそび「びっくり箱ごっこ」など，身体の発育や運動機能の発達を促す0～3歳児の表現あそびをイラストを交え紹介。

　　　　　　　　　　　　　　　芸術教育研究所監修　福島康・大森靖枝編著
4歳児のからだでワクワク表現あそび　　B5・64頁　1600円
大人と変わらない歩き方や細かな動作もできるようになってくる4歳児の表現あそびを，「なに食べてるか？　ごっこ」などイラストを交え，35種紹介。

　　　　　　　　　　　　　　　芸術教育研究所監修　福島康・大森靖枝編著
5歳児のからだでワクワク表現あそび　　B5・72頁　1700円
全身運動を滑らかに正確にできるようになってくる5歳児の発達段階にあった表現あそびを，日常の表現あそびから発表会の作品までイラストを交え紹介。

活動を始める前の　　　　　　　　　　　　　　　　グループこんぺいと編著
ちょこっとシアターBEST 41　　A5・93頁　1600円
幼稚園・保育園のクラス担任④／子どもたちが集中しないときに，子どもたちの心をギュッとつかむ，身近な素材を使った簡単シアターをそのまま使える言葉がけとともに紹介。

ピアノがなくても楽しめる　　　　　　　　　　　　グループこんぺいと編著
リズムあそびBEST 40　　A5・93頁　1600円
幼稚園・保育園のクラス担任⑦／なじみのあるリズムあそびや歌にのせて，挨拶や自己紹介の仕方，数，食べ物の名前等を学ぶことができるリズムあそび40種。忙しくても，ピアノが苦手でも，気軽にできる。

表示価格は本体価格です。別途消費税がかかります。